# Bajo la fría luz de octubre

Eloy M. Cebrián

# Bajo la fría luz de octubre

Notas y prólogo de
Cristina Domingo Manero

Ernst Klett Sprachen
Stuttgart

Eloy M. Cebrián

# Bajo la fría luz de octubre

Notas y prólogo de Cristina Domingo Manero

1. Auflage     5  |  2025

Alle Drucke dieser Auflage sind unverändert und können im
Unterricht nebeneinander verwendet werden.
Die letzte Zahl bezeichnet das Jahr des Druckes. Das Werk und seine
Teile sind urheberrechtlich geschützt. Jede Nutzung in anderen als
den gesetzlich zugelassenen Fällen bedarf der vorherigen schriftlichen
Einwilligung des Verlags.

© 2003 Eloy M. Cebrián
© Ernst Klett Sprachen GmbH, Rotebühlstraße 77, 70178 Stuttgart,
2019. Alle Rechte vorbehalten.
www.klett-sprachen.de
Herausgeberin der Reihe Literatura Juvenil: Andrea Rössler

Redaktion: Marcelo Rodríguez
Layoutkonzeption: Elmar Feuerbach
Gestaltung und Satz: Satzkasten, Stuttgart
Umschlaggestaltung: Andreas Drabarek
Titelbild: Shutterstock / Ryan M. Bolton, New York
Foto S. 180: © 2003 Miguel Cebrián
Druck und Bindung: Digitaldruck Tebben GmbH, Biessenhofen

Printed in Germany
ISBN 978-3-12-535727-3

# Índice

# Prólogo

*Bajo la fría luz de octubre* es la tercera novela de Eloy M.
Cebrián. Cebrián nació en Albacete en 1963, se licenció en
Filología Inglesa y ejerce de profesor de inglés en Secundaria.
Junto a su actividad docente con adolescentes se dedica a la
literatura y hasta el momento tiene en su haber ocho novelas
y varios libros de relatos. En el transcurso de su quehacer
literario ha alternado la novela juvenil con la novela adulta y el
relato, obteniendo distintos premios y galardones. *Bajo la fría
luz de octubre* ha sido galardonada con el Premio Jaén 2003 de
Narrativa Juvenil y durante los años 2003 y 2004 figuró en la
revista *Cuadernos de Literatura Infantil y Juvenil* como uno de
los 100 mejores libros del año en esta modalidad.

En *Bajo la fría luz de octubre* se narran los agitados años
de la Segunda República (1931–1936), tiempos revueltos e
inestables pero también cargados de ilusión e idealismo por
un futuro más justo y mejor, los trágicos años de la Guerra Civil
(1936–1939) y las lacras que ésta dejó durante la posguerra,
dejando aflorar lo peor de la condición humana. Y todo ello
se cuenta bajo la mirada limpia de Maruja, una niña que a
lo largo de la novela dejará de serlo para convertirse en una
mujer adulta. Esta es la historia de su familia y su entorno, la
de un padre progresista y republicano pero crítico a su vez con
los errores y crímenes cometidos en su propio bando, la de una
madre religiosa y beata, la de su tío Eliecer, el cura, quien vivirá
escondido en su casa por miedo a las represalias de los rojos, o
la de su tío Arturo, quien tras la guerra huirá hacia el exilio. Y
también es la historia de la pérdida de la inocencia, de lo que
significa hacerse adulto en circunstancias tan adversas.

Aunque en un principio *Bajo la fría luz de octubre* no fue
concebida como novela juvenil (su lectura atrapa y emociona
a jóvenes y adultos) sí es cierto que se adapta muy bien a un
público joven. El autor logra acercar a los lectores más jóvenes
un tema como el de la Guerra Civil que muchos de ellos, por
falta de testimonios directos, sólo conocen a través de los

impersonales libros de historia. El relato en primera persona de la protagonista y las referencias obvias de que la novela se basa en material biográfico auténtico crean una sensación de inmediatez, a veces estremecedora, si uno se para a pensar que eso que se cuenta no sucedió en un lugar y tiempo remotos, sino aquí, entre nosotros, y que Maruja podría ser nuestra abuela o bisabuela.

*Bajo la fría luz de octubre* es, sin embargo, una novela intimista. Junto a los avatares de la vida de Maruja y su familia, el lector obtiene una crónica de los principales acontencimientos políticos de la época y sus protagonistas, lo que hace que el texto se adecúe muy bien para enfrentarse a este capítulo concreto de la historia de España. Por otra parte, el lector alemán podrá establecer muchos paralelismos con su pasado histórico y enfrentarse al tema del Fascismo y de los horrores de la guerra desde otro escenario.

La presente edición está destinada especialmente a estudiantes de español de Secundaria y de Bachillerato, quienes descubrirán con esta obra el reto y el placer de leer un texto literario en original. La novela está dividida en 25 capítulos de poca extensión y permite una lectura pausada. Las anotaciones de vocabulario son claras y precisas, recurriendo a la traducción alemana en los casos de mayor dificultad. El texto está lleno de giros idiomáticos y expresiones coloquiales que enriquecerán el vocabulario del estudiante de español. Además se aporta una breve información sobre los personajes y datos históricos que se nombran a lo largo de la novela para facilitar la lectura en solitario.

*Cristina Domingo Manero*

*Para Eloy Cebrián Andrés, mi abuelo,*
*al que por fin he podido conocer*
*en la memoria de sus hijos.*
*Y para ti, Miguel.*
*«Yo puedo regresar hasta vosotros,*
*porque se crece siempre en busca del pasado,*
*vuestra ciudad de aquel otoño*
*también me pertenece,*
*y vuestros sentimientos,*
*que dejasteis escritos a causa de una guerra».*

LUIS GARCÍA MONTERO
Del libro *Habitaciones separadas*

---

5 **regresar** volver – 6 **crecer** hacerse mayor up – 6 **en busca de** auf die Suche nach

# 1

Todos se empeñaban en decir que mi abuela María se había muerto. Sólo yo sabía que eso no era verdad. Porque la abuela seguía donde había estado siempre: sentada en su butaca, junto a la ventana, con la aguja de hacer ganchillo moviéndose
5 veloz entre sus dedos y la madeja desliándose sobre su falda. Me decían que no, que eran imaginaciones mías, que a la pobre abuela María se la había llevado una pulmonía cuando yo todavía era muy pequeña. Y el caso es que yo me acordaba de un invierno terrible que cubrió los aleros de
10 largos carámbanos que eran como dedos transparentes, y las calles de escarcha y de gorriones muertos de frío. Y también recordaba que algo muy triste había pasado aquel invierno. Un día, cuando me trajeron del colegio, encontré las habitaciones llenas de gente vestida de negro que suspiraba sin parar y
15 bebía copitas de anís con cara compungida. Y de la habitación de mi abuela salía un runrún de voces de mujer que a veces interrumpía algún sollozo ahogado. La que lloraba era mi madre. Y mientras, mi tía dirigía el rezo del rosario, que por algo se llamaba Rosario ella también. Yo quise pasar y no me
20 dejaron, pero el murmullo de los rezos y las conversaciones duró toda la noche. Al día siguiente me pusieron el vestido de los domingos y me llevaron a la parroquia de San Juan para oír misa, aunque no era domingo ni fiesta de guardar. Y después todos formamos una especie de desfile y recorrimos muchas

---

1 **empeñarse en** hartnäckig bestehen auf – 3 **una butaca** sillón – 4 **una aguja** Nadel – 4 **hacer ganchillo** stricken – 5 **una madeja** hilos de lana que forman una bola – 5 **desliarse** entwirren – 7 **llevarse una enfermedad a up** morirse de uc – 7 **una pulmonía** Lungenentzündung – 9 **un alero** parte del tejado que protege de la lluvia – 10 **un carámbano** Eiszapfen – 11 **la escarcha** *rocío* (Tau) de la noche congelado – 11 **un gorrión** Spatz – 14 **sin parar** sin interrupción, continuamente – 15 **compungido** triste – 16 **un runrún** ruido confuso (de voces) – 17 **un sollozo** acción de llorar (Schluchzen) – 17 **ahogado** dumpf – 18 **un rezo** palabras con las que se piden cosas a Dios – 18 **el rosario** Rosenkranz – 18 **por algo** no sin razón – 20 **un murmullo** ruido continuado y confuso al hablar mucha gente – 21 **durar** tener lugar durante un periodo de tiempo – 22 **una parroquia** iglesia – 23 **una misa** ceremonia religiosa católica – 23 **una fiesta de guardar** día en que no se trabaja por motivos religiosos – 24 **un desfile** Umzug – 24 **recorrer** ir por

calles hasta llegar al cementerio, detrás de un carruaje negro tirado por dos caballos. Para mí fue muy divertido, porque era como participar en una procesión de Semana Santa, en las que no dejaban salir a mujeres y mucho menos a las niñas. Pero
5 nadie más parecía estar disfrutando. Yo caminaba de la mano de mi padre. A veces lo miraba de reojo y lo veía tan triste que me daba miedo; él, que siempre se estaba riendo. Y mi madre y mi tía caminaban detrás tomadas del brazo, las dos con velo negro y el pañuelo muy apretado debajo de la nariz.
10 Hacía tanto frío que mi respiración salía formando una nube blanca. Recuerdo que me entretuve por el camino jugando a que fumaba, igual que mi padre. Y a ratos miraba hacia el suelo para verme los zapatos, que eran los azul marino con hebillas doradas que tanto me gustaban. Pero, ay, me apretaban un
15 poco. Y al llegar a mi casa, después de tanto andar, tenía los pies hinchados y doloridos.

Al cabo de un rato mi padre me llevó a su despacho y me hizo sentarme en uno de los sillones, como a las visitas. Y me habló con gesto muy serio:
20 —Maruja, óyeme bien. Tu abuela se ha ido y ya no va a volver. Pero desde el Cielo va a seguir cuidando de ti.

De pronto entendí que mi abuela María se había muerto, y salí corriendo del despacho ahogándome en lágrimas e hipidos. Mi padre me llamaba, pero yo decidí buscar un
25 sitio donde poder llorar a mi abuela en paz. Y se me ocurrió esconderme en su habitación, donde yo había pasado tantas horas con ella, viéndola hacer ganchillo y oyendo sus historias

---

1 **un cementerio** lugar donde están enterrados los muertos – 1 **un carruaje** coche (de caballos) – 2 **tirado** movido, arrastrado – 3 **la Semana Santa** Ostern – 6 **mirar de reojo** de lado, sin ser visto – 8 **un velo** Schleier – 9 **un pañuelo** trozo de tela pequeño – 9 **apretado** dicht – 10 **una nube** masa blanca de vapor en el cielo – 11 **entretenerse** divertirse, pasar el rato, distraerse – 12 **el suelo** ≠ techo – 13 *azul* **marino** oscuro – 13 **una hebilla** (Schuh-)schnalle – 14 **dorado** color oro – 14 **apretar uc a up** estar o quedar estrecho, pequeño – 16 **hinchado** más grande de lo normal – 17 **al cabo de** después de – 17 **un despacho** habitación de trabajo – 21 **seguir + ger** weiterhin etw tun – 23 **ahogarse** *fig* ertrinken bzw. ersticken – 23 **una lágrima** gota que cae de los ojos al llorar – 24 **un hipido** Schluchzen – 24 **llamar a up** decir el nombre de up – 25 **ocurrírsele uc a up** tener la idea de – 26 **esconderse** ponerse en un lugar para no ser encontrado

de cuando era niña y vivía en una aldea. De modo que recorrí el helado pasillo hasta el final de la casa y abrí la puerta del dormitorio. Y allí estaba ella, sentada junto a la ventana con su labor de ganchillo sobre el regazo.

5 —Pero, abuela —recuerdo que dije acercándome, sin sentir apenas sorpresa—, si usted se ha muerto.

Ella me miró risueña, con el sol brillando a través de las hebras de su pelo, que parecía arder con blancas llamaradas.

—Ya ves. La gente habla sin ton ni son.

10 Y entonces me di cuenta de que en la habitación hacía calor, a pesar de que no había ninguna estufa ni brasero. Y de que el día luminoso y azul que brillaba a través de la ventana en nada se parecía a la desolada tarde de invierno que reinaba en la calle.

15 —¿Les puedo decir a todos que sigue usted aquí? —pregunté.

Ella se encogió de hombros.

—No te van a creer.

Y tenía razón. Porque cada vez que yo les decía a mis padres 20 o a mis tíos que se habían equivocado, que la abuela María seguía viva y estaba haciendo ganchillo en su habitación, me miraban con una cara muy extraña. Mi madre lloraba, mi tía Rosario lloraba, y hasta mi hermano Gabriel, que había nacido ya y tendría un año por entonces, se ponía a berrear y tenían 25 que rebozarle el chupete en azúcar para que se apaciguara. Por eso decidí no volver a hablarle a nadie de mi abuela, aunque seguía visitándola todos los días en su habitación y oyendo sus historias como si nada hubiera pasado. Y siempre encontraba

---

1 **una aldea** pueblo muy pequeño – 1 **de modo que** así que – 2 **helado** muy frío – 2 **un pasillo** parte larga y estrecha de la casa que sirve para ir de una habitación a otra – 4 **el regazo** Schoß – 6 **si usted se ha muerto** *aquí:* Sie sind doch gestorben – 7 **risueño** alegre, contento – 7 **brillar** reflejar luz – 8 **una hebra** *fig* cada uno de los pelos del cabello – 8 **arder** quemar – 8 **una llamarada** llama de fuego fuerte y corta – 9 **hablar sin ton ni son** *coloq* sin tener motivos para ello – 11 **a pesar de que** aunque – 11 **una estufa** calefacción p ej eléctrica o de gas – 11 **un brasero** Kohlenbecken – 12 **luminoso** con mucha luz – 13 **desolado** triste – 13 **reinar** *aquí:* haber → un rey – 17 **encogerse de hombros** die Achseln zucken – 20 **equivocarse** cometer un error – 24 **berrear** llorar y gritar un niño – 25 **rebozar** *en azúcar* pasar por azúcar – 25 **un chupete** Schnuller – 25 **apaciguarse** tranquilizarse

su cuarto inundado de luz y tan cálido como si estuviéramos en plena primavera.

Para mí todo aquello era de lo más normal, aunque claro, yo era muy pequeña entonces, y a los niños pequeños casi
5 nada les causa extrañeza, porque para ellos el mundo es completamente nuevo y lo mismo les da un milagro que un hecho cotidiano. Aquello pasó antes de la guerra. Y, ahora que lo pienso, lo que me parece milagroso es que existiera un antes de la guerra, como si todo lo ocurrido hasta entonces hubiera
10 quedado abolido del tiempo y de la memoria. Pero no fue así. Porque yo misma me acuerdo de muchas cosas que ocurrieron antes de aquellos años terribles, y eso que mi memoria ya no es buena, y a veces todo es oscuro y se confunde.

---

1 **un cuarto** habitación – 1 **inundado** completamente lleno – 1 **cálido** ≠ frío – 5 **la extrañeza** sorpresa (→ extraño) – 6 **darle lo mismo a up** darle uc igual a up – 6 **un milagro** suceso extraordinario y maravilloso – 7 **cotidiano** normal, de todos los días – 10 **abolido** *aquí:* borrado, tachado, anulado

# 2

Me acuerdo muy bien del día que me operaron de anginas en el sanatorio del tío Arturo, en una habitación chapada de azulejo blanco donde había muchos diplomas y un gran armario de cristal lleno de objetos brillantes y siniestros. Me
5 acuerdo del sillón donde me sentaron, que era como el de los barberos, de la sensación de las pinzas metálicas dentro de mi garganta y del sabor de la sangre llenándome la boca. Yo era aún pequeña, pero corrí tan deprisa que mis padres no pudieron alcanzarme hasta la misma puerta de mi casa,
10 donde empecé a gritar: «¡Me han matado, me han matado!», y entonces se formó un círculo de gente a nuestro alrededor, y me parece que después vino un guardia, porque recuerdo a mi padre muy nervioso, dando explicaciones, y a mi madre diciendo que qué sofoco más grande y que ojalá se la tragara
15 la tierra. ¿Qué edad tendría yo entonces? Puede que unos siete años. Sí, tenía siete años, porque lo que he contado pasó en invierno, y ese mismo año, un día de principios de la primavera, entró la República.

Aquello de que llegara la República me debió de causar casi
20 la misma impresión que mi operación de anginas, porque lo recuerdo tan bien como si hubiera ocurrido ayer mismo. Era un martes por la mañana y yo estaba en el colegio. La hermana Etelvina nos daba clase de lectura con el *Manuscrito*, un libro impreso con caligrafías tan enrevesadas que parecían
25 haberlas inventado a propósito para martirizarnos. Yo estaba

---

1 **las anginas** *pl* Halsentzündung – 2 **un sanatorio** hospital – 2 **chapado** *aquí:* totalmente cubierto – 3 **un azulejo** Fliese – 4 **siniestro** con una apariencia maligna que da miedo – 6 **un barbero** peluquero de hombres – 7 **la garganta** Kehle – 7 **un sabor** gusto – 9 **alcanzar a up** llegar al mismo lugar donde está up – 10 **matar** quitar la vida – 12 **un guardia** *m* policía – 14 **¡Qué sofoco más grande!** Was für ein großer Ärger! – 14 **ojalá se la tragara la tierra** soll die Erde sie gleich verschlingen – 18 **la Segunda República Española** régimen político de España entre 1931 y 1939 – 22 **una hermana** mujer de una congregación religiosa – 24 **impreso** → imprimir – 24 **una caligrafía** forma determinada de escribir las letras – 24 **enrevesado** complicado – 25 **a propósito** con la intención de – 25 **martirizar** hacerlo pasar mal → mártir

de pie y leía aquello de «¡Papá, papá! —exclamó alborozado Serafín», cuando de pronto se abrió la puerta del aula y entró la hermana Carmen, que era la monja que nos daba clase de labores y música. Y venía sin resuello, como si hubiera subido
5 corriendo las escaleras para avisarnos de que había fuego.

—¡Ave María purísima, madre! Vengo a llevarme ahora mismo a las niñas a la capilla. Lo manda la madre superiora.

—Pero ¿qué pasa, madre?

—¡El rey! —dijo la hermana Carmen con grandes
10 aspavientos—. ¡Lo han echado! Dicen que en la capital están prendiendo fuego a las iglesias y que se llevan a los sacerdotes y a las religiosas para … para …

Pero a la hermana Carmen la voz ya no le obedecía, y allí se quedó abriendo y cerrando mucho la boca, igual que los peces
15 cuando saltan fuera de la pecera.

Mientras tanto, las niñas ya nos habíamos olvidado del *Manuscrito* y estábamos todas de pie, dando saltos y chillidos, más excitadas por la novedad que asustadas por lo que pudiera pasar. Yo apenas sabía nada del rey, sólo que se llamaba
20 Alfonso y que era un señor con bigotito a quien le encantaba vestirse de uniforme para salir en la portada del Abc. Mi padre siempre hablaba muy mal de él, así que yo no entendía qué importancia podía tener que hubieran echado al señor del bigotito, porque según mi padre no servía para nada. Lo de las
25 iglesias ardiendo ya me inquietaba un poco más, igual que a la

---

1 **alborozado** lleno de alegría – 3 **una monja** mujer de una congregación religiosa – 4 **un resuello** respiración – 5 **avisar** comunicar, advertir de un peligro – 6 **¡Ave María purísima!** Ach du liebe Güte! – 6 **una madre** título de algunas religiosas – 7 **una capilla** iglesia pequeña – 7 **una madre superiora** religiosa que dirige un convento – 10 **un aspaviento** demostración exagerada de un sentimiento p ej gesticulando mucho – 11 **prender fuego a** quemar – 11 **un sacerdote** religioso que pueder celebrar misa – 13 **obedecer** hacer lo que otra persona te dice – 15 **fuera** ≠ dentro – 15 **una pecera** acuario pequeño para pocos peces – 17 **dar saltos** saltar (hüpfen) – 17 **dar chillidos** gritar, hablar haciendo mucho ruido – 18 **asustado** con miedo – 20 **un bigotito** → bigote (Schnurrbart) – 21 **una portada** primera página de un periódico o revista – 21 **Abc** periódico conservador y monárquico – 23 **echar** hacer que up deje su lugar o su trabajo – 25 **inquietar** preocupar

hermana Etelvina, que se había puesto muy pálida de repente
y miraba a la hermana Carmen con cara de espanto.

—¡Alabado sea Dios! ¿Pero qué me está diciendo, madre?
¿Quién ha echado al rey? ¿Quién está quemando las iglesias?

5 —Pues los anarquistas, o los rojos, o cualquiera de esos
maleantes que quieren la República. ¿Qué sé yo? Ea, niñas,
venid todas conmigo, que la madre superiora lo manda.

De modo que nos fuimos todas detrás de la hermana
Carmen, más contentas que unas castañuelas porque se
10 habían interrumpido las clases, aunque algo asustadas ahora
no fueran a venir esos hombres horribles que querían la
República para prenderle fuego a la iglesia con todas nosotras
dentro.

Al llegar no encontramos ni un banco libre, pues ya debían
15 de estar allí todas las niñas del colegio. Estaban las mayores,
que eran ya casi unas señoritas y tenían sus clases en el piso
de arriba. Estaban incluso las gratuitas, a las que casi nunca
veíamos porque las madres no las dejaban salir de su ala del
colegio. Ni siquiera llevaban el mismo uniforme negro con
20 cuello de encaje, tan elegante, que llevábamos las alumnas de
pago, sino una especie de babero a rayas muy feo. Nos miraron
al entrar y nos sacaron la lengua, y me acuerdo de que aquello
nos dio bastante miedo, porque sobre las gratuitas se contaban
toda clase de historias. Mientras tanto, la madre superiora
25 rezaba avemarías sin parar, pidiendo por el rey y por los curas
y monjas de la capital, esos a los que se estaban llevando para
hacerles algo tan terrible que ni siquiera se podía decir. Y

---

1 **pálido** sin color – 2 **con cara de espanto** con expresión de miedo – 3 **¡Alabado sea
Dios!** Ach du lieber Gott! – 5 **un rojo** de ideas políticas de izquierdas – 6 **un maleante**
criminal, delincuente – 6 **ea** nun, los! – 7 **mandar** ordenar – 9 **estar** *más contento que
unas castañuelas* *coloq* contentísimo – 10 **interrumpir** hacer que uc deje de tener lugar
durante un tiempo – 14 **al llegar** cuando llegamos – 18 **un ala** *f* parte lateral de un
edificio – 19 **ni siquiera** nicht einmal – 20 **un cuello de encaje** Spitzenkragen – 20 **una
alumna de pago** que paga dinero por ir a la escuela – 21 **un babero** prenda que se pone
a los niños para comer – 22 **sacar la lengua a up** jmdm die Zunge herausstrecken –
25 **rezar** orar, pedir cosas a Dios – 25 **un avemaría** *f* oración a la Virgen María – 25 **pedir
por** beten

ahora sí que estábamos todas asustadas, y algunas de las más pequeñas lloraban y decían que se querían ir a su casa.

Cuando llegó la hora de salir nos asomamos a la calle con mucha cautela, temiendo encontrarnos una horda de hombres
5 malos de los que querían la República. Pero yo no vi nada extraño. Si acaso, que aquel día había ido mi padre a recogerme, aunque casi siempre venía mi madre o la muchacha. Y qué contento estaba. Si hasta parecía más joven. Recuerdo que me alzó hasta su cara como si yo fuera todavía una criatura, y
10 me dio un beso tan grande que el oído me estuvo pitando un buen rato. Después, mientras regresábamos a casa, noté que caminaba con mucho brío, pisando muy fuerte y marcando el paso con el bastón, y cada dos por tres se detenía a saludar a algún conocido quitándose el sombrero. Durante el camino sí
15 que vi en la calle algunas cosas fuera de lo común, como que la ciudad parecía más animada que de costumbre, que los bares estaban llenos, que la gente formaba grupos y que todos hablaban muy fuerte y parecían nerviosos. Nos cruzamos con una banda de música que iba tocando una marcha muy
20 alegre, y mi padre me explicó que lo que tocaban se llamaba *La Marsellesa*, y que era a la vez el himno de Francia y de la libertad. Pasaban muchos coches, más de los que yo había visto nunca, y la mayoría hacían sonar el claxon. Los que iban dentro sacaban medio cuerpo por las ventanillas para poder
25 agitar los brazos y lanzar vivas a la República. Otros hacían ondear una bandera distinta de la de siempre, tricolor, con una franja morada abajo. Y algunos cantaban a grito pelado una canción que decía que a los curas y a las monjas les iban a dar

---

3 **asomarse** sacar la cabeza, salir poco a poco – 4 **la cautela** cuidado – 4 **una horda** grupo de gente indisciplinada y violenta – 6 **si acaso** höchstens – 9 **alzar** levantar – 9 **una criatura** niño pequeño – 10 **pitar** pfeiffen – 12 **el brío** energía, decisión – 12 **pisar** poner el pie encima de uc – 12 **marcar el paso** den Schritt angeben – 13 **un batón** palo de madera para apoyarse al caminar – 13 **cada dos por tres** continuamente – 13 **detenerse** pararse – 16 **animado** alegre, divertido, vivo – 18 **cruzarse con** encontrarse con – 23 **el claxon** Hupe – 25 **agitar** mover – 25 **lanzar vivas a la República** decir: ¡Viva la República! – 26 **ondear** moverse en el aire formando ondas – 26 **una bandera** trozo de tela con colores que representan a un país – 27 **franja** trozo largo y estrecho – 27 **a grito pelado** *coloq* muy alto – 28 **dar una paliza** pegar, golpear

una paliza y no sé cuántas barbaridades más, y a mí me dio mucha rabia oírla, porque les tenía mucho afecto a las monjas dominicas de mi colegio y no quería que les pasara nada malo.

Cuando llegamos a casa, mi madre no estaba contenta, sino muy preocupada por todo aquel jaleo, y a mí me pareció que había estado llorando. Nadie hablaba durante la comida, pero mi padre destapó una botella de un vino que guardaba para una ocasión especial y se puso en pie para brindar. Y todo aquello era porque había entrado la República.

# 3

No puedo decir que la República cambiara mucho nuestras vidas. Aunque sí es cierto que desde aquel día mi padre empezó a recibir más visitas que antes. Venían por casa unos señores muy bien vestidos a los que yo no había visto nunca,

5 y se encerraban en el despacho para hablar y fumar puros. En esas reuniones participaba también el tío David, que era el hermano mayor y socio de mi padre. Y el tío Arturo, el médico que me operó de anginas, que no era hermano de mi padre, sino primo, aunque quienes no los conocían los tomaban

10 siempre por hermanos de tanto que se parecían. Ahora el tío Arturo se había convertido en un hombre importante. Recorría los pueblos en un coche muy grande, con chófer y escolta, para explicarle a la gente lo que era la República, y lo que era votar y a quién tenían que votar, y se rumoreaba que lo iban

15 a nombrar gobernador civil. El caso es que el despacho de mi padre se había convertido en un lugar de reunión, que él parecía más ocupado y nervioso con aquello de la República y que cada vez tenía menos tiempo para mí.

Yo pasaba mucho rato en el cuarto de mi abuela viéndola

20 hacer ganchillo, y alguna vez le pregunté qué le parecía todo aquel lío. Pero ella casi nunca me contestaba. Todo lo más dejaba la aguja quieta unos instantes y me miraba con una cara muy triste. Y después suspiraba y seguía tejiendo. Aunque una vez sí que contestó. Dijo algo así como que le preocupaba que

25 su hijo se mezclara en política, porque iban a pasar cosas muy malas, y que si mi padre seguía metiéndose en camisa de once varas todos íbamos a sufrir las consecuencias. Y recuerdo que

---

5 **encerrarse** → cerrar – 5 **un puro** cigarro – 7 **un socio** persona con la que se tiene un negocio – 9 **tomar a up por** creer que up es uc que no es – 12 **un escolta** *ms* persona que protege a otra de p ej un atentado – 14 **rumorear** correr una noticia no confirmada entre la gente – 21 **un lío** cosa complicada – 21 **todo lo más** höchstens – 22 **quieto** sin movimiento – 22 **un instante** momento – 23 **tejer** hacer ganchillo – 25 **mezclarse en** meterse en, participar

su voz sonaba lejana, como si me estuviera hablando desde el otro extremo de un corredor muy largo y oscuro.

Al final resultó que de todo aquello de las iglesias quemadas y de las palizas a los curas y a las monjas nada de nada.
5 Precisamente mi padre tenía un hermano sacerdote, el tío Eliecer, que era párroco en Cartagena. Me acuerdo de que el tío vino a vernos el verano del año que entró la República y yo tenía miedo por si se nos presentaba sin dientes o con un ojo morado. Pero me tranquilicé al verlo aparecer tan campante.
10 Tampoco a las madres dominicas de mi colegio debió de pasarles nada, porque las clases siguieron igual que siempre y no se volvió a hablar de rojos ni de anarquistas. «Entonces, ¿lo de las iglesias quemadas era mentira?», me atreví a preguntarle un día a mi padre. Él me miró muy serio y me dijo que las
15 niñas no debíamos preocuparnos por esas cosas, con lo que yo me olí que algo de verdad sí que habría en el asunto. Pero esas barbaridades ocurrieron en otros sitios, porque nosotros seguimos yendo a misa en la parroquia de San Juan todos los domingos sin notar nada raro. Y al año siguiente, en mayo,
20 tomé la primera comunión, y recuerdo que la iglesia estaba preciosa y que olía a incienso y a flores.

Lo que sí ardió por aquellos días fue el negocio de mi padre y de sus hermanos. Tenían un almacén de paquetería, un local muy hermoso en pleno centro lleno de cajas que contenían
25 botones, cintas, puntillas y bobinas de hilo. A mí me gustaba mucho ir allí para enredar entre las muestras, y me admiraba de que pudiera haber tantos tipos diferentes de botones, tal cantidad de formas y colores y tamaños. A veces me entretenía imaginando a qué tipo de persona correspondería cada uno

---

1 **lejano** → lejos – 3 **quemado** destruido por el fuego – 4 **una paliza** acción de pegar o golpear a up – 4 **nada de nada** *coloq* ganz und gar nichts – 6 **un párroco** sacerdote que se ocupa de una iglesia y de sus fieles – 9 **tan campante** tranquilo, despreocupado – 13 **una mentira** ≠ verdad – 13 **atreverse** hacer uc que requiere *valor* (Mut) – 16 **olerse uc** intuir, sospechar – 16 **un asunto** tema, historia – 21 **el incienso** Weihrauch – 23 **un almacén de paquetería** Kurzwarengeschäft – 25 **una cinta** Band – 25 **unas puntillas** *fpl* Spitzen – 25 **una bobina** Spule – 25 **un hilo** Garn – 26 **enredar** desordenar, liar – 26 **una muestra** Warenmuster – 28 **el tamaño** las proporciones de uc

de ellos: «Éste acabará en el vestido de una señorita joven y guapa», «Éste, en el chaleco de un señor gordo con muy mal genio que fuma en pipa», «Éste, en la guerrera de un militar». Otras veces me dedicaba a formar arco iris o banderas con los carretes de hilo, o me colgaba las puntillas como si fueran velos y me imaginaba que era una novia o que estaba tomando otra vez la primera comunión. El almacén tenía también un patio grande en el que entraban los carros con la mercancía, y a mí me gustaba asomarme para ver las mulas y para oír las conversaciones de los carreteros mientras descargaban, aunque mi padre se enfadaba cuando me encontraba allí, porque aquellos hombres soltaban unos tacos y unas barbaridades gordísimas, y mi padre decía que esas cosas no las debía oír una niña como yo. El encargado del almacén era mi tío David, el mayor de los hermanos. Mi padre, que era el que lo seguía, se ocupaba de la contabilidad. Y el tío Amador, el pequeño, era quien llevaba los muestrarios a las tiendas y viajaba a los pueblos, acompañado por el tío Antonio, que no era hermano de mi padre, sino de mi madre. (Sí, ya sé que todo esto es un lío, pero soy totalmente incapaz de recordar aquellos días sin verme rodeada de tíos, primos y familiares. Aquéllos eran otros tiempos.)

El caso es que una noche de verano, muy tarde, cuando ya estábamos todos en la cama, vinieron a avisarnos de que se había prendido fuego en el almacén. Todos nos levantamos muy asustados. Mi hermano Gabriel se colgó de mi mano mientras veíamos a mi padre salir a toda prisa, abotonándose la camisa por las escaleras y olvidándose de llevarse el

---

2 **un chaleco** chaqueta sin mangas – 3 **una pipa** objeto que sirve para fumar – 3 **una guerrera** chaqueta que lleva un soldado – 4 **un arco iris** Regenbogen – 5 **un carrete** bobina – 8 **un carro** coche de caballos – 8 **una mercancía** uc que se compra o vende – 9 **una mula** cruce de caballo y burro – 10 **un carretero** up que conduce carros – 10 **descargar** sacar uc de p ej un carro o un camión – 12 **soltar un taco** decir palabras ordinarias – 14 **un encargado** up que es responsable de uc – 16 **la contabilidad** los números y cuentas de una empresa – 17 **un muestrario** colección de muestras – 18 **acompañado por** en compañía de, con – 21 **rodeado** umgeben – 26 **colgarse de la mano de up** coger fuerte la mano de up – 27 **abotonarse** *una camisa* cerrar los botones

sombrero. Mi hermano Paco, que ya había nacido aunque era todavía muy pequeño, lloraba en brazos de mi madre. También mi madre lloraba, y al final acabamos llorando todos.

No pude conciliar el sueño hasta que mi padre regresó. Ya
5 había amanecido, y mi madre le dijo a la muchacha que le preparara café. «Se ha perdido todo», oí a mi padre lamentarse con una voz que no parecía la suya. Y no estaba exagerando, porque al día siguiente fuimos con mi madre a ver lo que había quedado del almacén y allí no había nada, sólo cuatro
10 paredes renegridas y muchos escombros. Me dio tanta pena que prometí en voz alta matar al culpable con un cuchillo y pedí que me dijeran quién lo había hecho. Pero mi madre me contestó que no había ningún culpable, que había sido un accidente, y que hiciera el favor de no decir tonterías.

15 Con el incendio del almacén, la sociedad de mi padre y sus hermanos se deshizo, y cada cual empezó a ganarse la vida por su cuenta, aunque casi todos ellos siguieron dedicados al comercio y las representaciones. Mi padre tomó varias casas. Llevaba muestrarios de calcetines, de droguería y
20 medicamentos, y de material para dentistas (recuerdo ver por casa unos estuches negros llenos de dientes postizos que a mis hermanos y a mí nos daban mucha risa y un poco de asco). Se hizo además corredor de seguros. Vendía pólizas de incendio y de accidente, aunque estas últimas las dejó pronto, porque mi
25 padre recibía a los asegurados en nuestra casa y aquello acabó convirtiéndose en un problema. Muchas veces, al volver del colegio, encontrábamos a hombres extraños esperando a mi padre en el recibidor: éste con el ojo tapado con un apósito,

---

4 **conciliar el sueño** dormirse – 5 **amanecer** salir el sol – 10 **renegrido** → negro – 10 **unos escombros** *mpl* restos de un edificio derrumbado – 11 **un culpable** responsable – 14 **hacer el favor de** por favor – 14 **una tontería** uc absurda, sin sentido – 15 **un incendio** fuego – 16 **deshacerse** *una sociedad* dejar de existir – 16 **ganarse la vida** trabajar – 17 **por su cuenta** *aquí:* por separado – 19 **una casa** *aquí:* empresa, marca comercial – 21 **un estuche** caja pequeña para guardar y proteger un objeto – 21 **postizo** que no es de verdad – 22 **el asco** Ekel – 23 **un corredor de seguros** vendedor de seguros – 25 **acabó convirtiéndose en** al final fue – 28 **un recibidor** habitación de entrada a una casa – 28 **un apósito** Wundverband

aquél con un brazo en cabestrillo, o con la cabeza liada en vendas igual que un faquir del circo. Todos venían avasallando y con mucha prisa por cobrar, y eso ponía de muy mal humor a mi madre, que no estaba dispuesta a aguantar malos modos
5 en su propia casa, de manera que acabó por convencer a mi padre de que lo dejara.

Siempre que pienso en mi padre lo recuerdo trabajando en su despacho, en medio de una montaña de papeles y libros de contabilidad, o cargado con las maletas de los muestrarios,
10 sin tiempo apenas de parar en casa a mediodía, tragando la comida de dos bocados y corriendo otra vez a la calle para ocuparse de los mil asuntos que debía atender. Fueron días difíciles y apenas le quedaba tiempo para dedicárnoslo a mis hermanos y a mí. Pero nos sacó a todos adelante. Así era mi
15 padre.

---

1 **un cabestrillo** Armbinde − 1 **liada en vendas** mit Verband umhüllt − 2 **avasallar** sich vordrängeln − 3 **cobrar** recibir dinero − 4 **aguantar** erdulden − 4 **unos malos modos** *mpl* malas maneras / mala educación − 10 **tragar de dos bocados** comer muy rápido − 12 **atender** ocuparse de − 14 **sacar adelante** durchbringen

# 4

Y de este modo transcurrieron para nosotros los años de la República, sin más cambios que los propios de hacernos mayores ni más incidentes que los normales en cualquier familia como la nuestra. Vivíamos con la sensación de que en
5 nuestra pequeña ciudad jamás iba a ocurrir nada importante, ni bueno ni malo, como si viviéramos protegidos dentro de una campana de cristal y el mundo se hubiera olvidado de nosotros. Mucho después supe que en el país se agitaban fuerzas poderosas, que había elecciones, se convocaban
10 huelgas y los gobiernos caían casi a diario. Pero esas cosas siempre ocurrían en las grandes ciudades, en Madrid y Barcelona y otros sitios que para mí eran sólo nombres en los mapas del colegio. ¿En qué podía afectarnos a nosotros todo aquello? Aunque, si lo pienso bien, las señales de alarma eran
15 tantas y tan graves que hasta los chiquillos nos enteramos de algunas cosas, como aquel otoño, un par de años antes de la guerra, cuando ocurrieron todas aquellas barbaridades en Asturias.

Yo debía de tener unos 11 años e iría para 12. Recuerdo que
20 por aquellos días mi padre pasaba mucho rato pegado a la radio, aunque siempre la ponía muy flojito, como si no quisiera que los demás nos enteráramos de nada. De todas maneras, las niñas en el colegio hablaban de las cosas terribles que estaban pasando; decían que Cataluña se había separado de
25 España, que había huelgas por todas partes y que en Asturias había estallado una revolución. En la calle no se notaba nada

---

1 **transcurrir** pasar – 3 **un incidente** Zwischenfall – 7 **una campana** Glocke – 9 **poderoso** mächtig – 10 *convocar* **una huelga** no trabajar en señal de protesta – 10 **a diario** todos los días – 15 **grave** ernsthaft – 15 **un chiquillo** niño – 15 **enterarse de** tener noticia de, saber – 18 **la Revolución de 1934** se inicia en Asturias como protesta por la tendencia derechista del gobierno. El gobierno toma duras medidas contra los rebeldes – 20 **estar pegado a la radio** muy cerca (para poder oír bien) – 21 **flojito** → flojo, bajo – 24 En Barcelona en octubre de 1934, el gobierno de la *Generalitat de Catalunya* proclama el Estado Catalán dentro de una República Federal Española – 26 **estallar** *una revolución* empezar

extraño, pero yo me olía que algo de todo aquello podía ser verdad, porque las reuniones que se celebraban en el despacho de mi padre se hicieron más frecuentes. Desde fuera oíamos las voces nerviosas de mi padre y de sus amigos, enzarzados en conversaciones interminables que muchas veces subían de tono hasta convertirse en auténticas trifulcas. Y entonces mis hermanos pequeños se asustaban y lloraban, y mi madre suspiraba muy hondo sin dejar de agitar la cabeza.

De todos los que venían, el que seguía llevando la voz cantante era el tío Arturo, el médico, que ya no era gobernador civil pero seguía teniendo un cargo importante: lo habían hecho jefe provincial de un partido que se llamaba Izquierda Republicana, al que mi padre y algunos de sus hermanos pertenecían también. El tío Arturo estaba tan acostumbrado a hacer discursos que siempre se las arreglaba para hablar más fuerte que los demás y se le oía claramente desde fuera del despacho. Recuerdo que un día le oí gritar: «¡No hay derecho! ¡Esto es un crimen! ¡Los están masacrando!». Me habían enseñado que escuchar detrás de las puertas era de muy mala educación, pero la curiosidad pudo más que yo y me acerqué a la puerta del despacho para saber a quién estaban matando. Así supe que lo de la revolución en Asturias era verdad, que los mineros habían tomado las armas y que el Gobierno de la República, ni corto ni perezoso, había llevado hasta allá a los legionarios y los regulares para aplastarlos. Me enteré de que estaban matando a mujeres y a niños, que fusilaban a los que tomaban prisioneros, y que a otros los torturaban y les

---

1 **olerse uc** intuir, presentir, sospechar – 4 **estar enzarzado en una conversación** versunken/verwickelt – 5 **interminable** sin fin – 6 **una trifulca** *coloq* discusión en la que se grita mucho – 8 **hondo** tief – 8 **agitar** mover repetidamente – 11 **un cargo** puesto – 12 **Izquierda Republicana** partido fundado en 1934 presidido por Azaña – 14 *estar* **acostumbrado a** soler hacer uc, tener la costumbre – 15 **arreglárselas** schaffen/s. heraushelfen – 16 **los demás** las otras personas – 18 **masacrar** matar a muchas personas a la vez → masacre – 20 **pudo más que yo** sie hat überwogen – 23 **un minero** Bergmann – 23 **un arma** *f* objeto que sirve para matar, p. ej una pistola – 24 **ni corto ni perezoso** sin dudar, con decisión – 25 **los regulares** *mpl hist* tropas militares que prestaban su servicio en Marruecos – 25 **aplastar** vencer, acabar con up – 26 **fusilar** erschießen – 27 **torturar** foltern

hacían cosas horribles. Fue la primera vez que oí el nombre del general Franco, que era el que mandaba a aquellos bestias. Por desgracia, no iba a ser la última vez que oiría hablar de ese general.

5 Después las cosas se tranquilizaron durante un tiempo y ya no se volvió a hablar de los mineros que habían sido asesinados en Asturias, de modo que todo el mundo se olvidó del asunto. Yo seguía yendo al colegio y después, muchas tardes, me iba a jugar a casa de alguna amiga. Había hecho mucha amistad
10 con las hermanas Torres, Juanita y Encarna, que eran gemelas y estaban en la misma clase que yo. A veces venían ellas a mi casa, pero mis hermanos no nos dejaban en paz, sobre todo Paco, el pequeño, que tenía sólo seis años y se pasaba el día inventando diabluras y revolviéndolo todo. Prefería ser yo
15 la que fuera a su casa, que estaba al final de mi misma calle. Juanita y Encarna vivían en un caserón muy grande, lleno de alfombras, cuadros y muebles lujosos, porque su padre era notario y la familia tenía dinero. La notaría estaba en el piso de abajo, pero la casa era tan enorme que podíamos hacer todo
20 el ruido que quisiéramos arriba y nadie se enteraba. A veces sacábamos un montón de revistas atrasadas y buscábamos en ellas fotos de artistas de cine. Recortábamos las de Clark Gable, las de Ronald Colman o las de José Nieto y las pegábamos con cola en un álbum. Nos imaginábamos que eran nuestros
25 novios, y entre las tres les escribíamos larguísimas cartas de amor que nunca enviábamos, porque no habríamos sabido a qué dirección hacerlo. Otras veces organizábamos campeonatos de parchís, a los que no era raro que se apuntara el hermano de las gemelas, Paquito, que era un muchacho

---

2 **General Francisco Franco** (Ferrol 1892 – Madrid 1975) militar y dictador español –
2 **mandar** dirigir – 6 **asesinar** matar, quitar la vida – 10 *hermanos* **gemelos** que han nacido el mismo día – 14 **una diablura** Kinderstreich – 14 **revolver** desordenar – 16 **un caserón** casa muy grande – 18 **una notaría** lugar donde trabaja un notario – 20 **enterarse de** darse cuenta, notar – 21 *un periódico* **atrasado** que ya no es actual – 22 **recortar** ausschneiden – 22 **Clark Gable** (1901–1960) actor estadounidense – 23 **Ronald Colman** (1891–1958) actor inglés – 23 **José Nieto** (1902–1982) actor español – 24 **la cola** sustancia que sirve para pegar – 28 **un campeonato** Meisterschaft – 28 **el parchís** Mensch ärgere Dich nicht – 28 **apuntarse a** *Esp coloq* sich anschließen

mayor, de por lo menos 18 años. Cuando esto pasaba yo me ponía muy colorada y no acertaba con las fichas y los dados. Y las gemelas se reían de mí, porque notaban que me hacía tilín su hermano, que era moreno y delgado, con el pelo rizado y unos ojos preciosos. La verdad es que yo estaba enamorada en secreto de Paquito, pero antes me habría muerto que reconocerlo, porque era sólo una mocosa y él jamás se habría fijado en mí.

1 **por lo menos** mindestens – 2 **colorado** rojo – 2 **acertar** *aquí:* jugar bien – 2 **una ficha** pieza de un juego – 2 **un dado** Würfel – 3 **hacer tilín** *Esp coloq* gustar – 4 **rizado** → rizo ≠ liso – 7 **una mocosa** chica inmadura (usado como insulto) – 7 **fijarse en up** interesarse por

# 5

Fue por aquellos días cuando nació mi hermana Angelita,
a la que ninguno esperábamos. Yo notaba que a mi madre le
estaba creciendo una barriga que daba miedo, y hasta mis
hermanos pequeños se dieron cuenta. «Madre —dijo un día mi
5 hermano Gabriel en la mesa—, no coma usted tanto, que mire
lo gorda que se está poniendo». Mi padre casi se atraganta de
la risa, pero mi madre se enfadó mucho y al final mi hermano
se ganó un pescozón y un castigo. El caso es que mi madre
se puso más gorda todavía, y mis hermanos empezaron a
10 pasar miedo, porque pensaban que lo que le ocurría era que
estaba enferma. Paco, que era muy sabiondo, se empeñó en
que nuestra madre había enfermado de «aerofangia», un mal
terrible que consistía en que el enfermo no podía expulsar
todo el aire que respiraba y siempre se le quedaba un poco
15 dentro, y así hasta que acababa hinchándose como un globo.
«Y si no se los opera —decía mi hermano Paco, muy cargado
de razón—,acaban por explotar y llenarlo todo de sangre».
Yo ya había cumplido los 12 y, aunque nadie me lo había
dicho, alguna idea tenía de lo que en realidad le pasaba a mi
20 madre. Intenté explicarles a mis hermanos que iba a tener un
niño, pero se rieron de mí y me dijeron tonta, porque todo el
mundo sabía que a los niños los traía la cigüeña en el pico,
o venían dentro de una hogaza de pan que traía el panadero
debajo del brazo, o algo así. Pero tuvieron que darme la razón
25 cuando, después de una noche de mucho alboroto, mi padre
nos llamó a su dormitorio para enseñarnos a nuestra nueva
hermana. «Ésta es Ángela», nos dijo. Los tres nos asomamos
a la cuna, y entre las sábanas y las puntillas alcanzamos a ver

---

3 **la barriga** Bauch – 6 **atragantarse** verschlucken – 8 **ganarse** *aquí:* recibir – 8 **un pescozón**
golpe dado en el cuello – 8 **un castigo** ≠ premio – 11 **ser un sabiondo** *despect* que cree
saberlo todo – 11 **empeñarse en** hartnäckig auf etw bestehen – 13 **expulsar** sacar al
exterior – 15 **hincharse** aumentar el volumen – 20 **intentar** probar – 22 **una cigüeña**
Storch – 22 **un pico** Schnabel – 23 **una hogaza de pan** pan grande – 25 **un alboroto** ruido
→ tranquilidad – 28 **una sábana** tela que se pone en la cama – 28 **alcanzamos a ver**
conseguimos o logramos ver

una carita arrugada y dos manos tan pequeñas como las de mis muñecas. «¡Jo! ¡Parece una rana!», dijo mi hermano Paco, con lo que se ganó un buen azote y la expulsión inmediata de la alcoba. Gabriel anunció muy digno que se marchaba con su hermano, y ambos salieron murmurando que no había derecho, que aquello había sido una injusticia y que su nueva hermana era una birria. Pero yo no podía dejar de mirarla, y luego miraba a mi madre, que me sonreía desde su cama con cara de haber estado muy enferma. «Tú eres ya mayor, Maruja —me dijo con voz desmayada—. Tienes que cuidar mucho a tu hermana, porque vas a ser como una segunda madre para ella». Y yo asentí moviendo mucho la cabeza y le prometí que la iba a cuidar muy bien. Y entonces mi madre me dijo que podía tomarla en brazos si quería. A mí me daba miedo levantar a aquella cosa tan pequeña y tan envuelta en ropa. Ni siquiera sabía cómo sujetarla. Pero mi padre me ayudó a sacarla de la cuna, y de pronto, cuando tuve a mi hermana en brazos, con aquella carita de pasa tan cerca de la mía, noté que una emoción muy grande empezaba a crecerme dentro, y tuve que hacer un esfuerzo enorme para no echarme a llorar. Entonces la nena abrió unos ojitos que eran como dos botones grises y brillantes, me miró, y a mí me pareció que sonreía un poco. «Eres muy guapa, Angelita», dije de corazón. Y empecé a acunarla suavemente para que volviera a dormirse.

Al cabo de algún tiempo, aprovechando un descuido de María Luisa, la niñera de mi hermana, me llevé a Angelita en brazos a la habitación de la abuela, porque ella nunca salía de

---

1 **una carita** *dim* cara – 1 **arrugado** con arrugas ≠ liso – 2 **una muñeca** juguete con forma de persona – 2 **¡jo!** *coloq* expresa protesta o asombro – 2 **parecer** ser igual a – 2 **una rana** Frosch – 3 **un azote** golpe dado en las nalgas – 4 **una alcoba** habitación – 4 **digno** serio – 4 **marcharse** irse – 5 **murmurar** hablar en voz baja expresando protesta – 6 **injusticia** ≠ justicia – 7 **una birria** *coloq* persona fea – 10 **desmayado** débil, sin fuerzas – 12 **asentir** decir que sí – 15 **envuelto** eingewickelt. eingebunden – 16 **ni siquiera** nicht einmal – 16 **sujetar** coger, tomar – 17 **una cuna** cama para bebés – 20 **hacer un esfuerzo** sich anstrengen, bemühen – 20 **echarse a** + infinitivo empezar – 21 **una nena** niña – 24 **acunar** hacer que un bebé se duerma en brazos o en la cuna – 25 **aprovechar** nutzen – 25 **un descuido** momento en que no se presta atención – 26 **una niñera** mujer que cuida a los niños de otra persona

allí y, si no se la llevaba se iba a quedar sin conocer a su nueva nieta. La nena abrió mucho los ojos al ver aquella habitación tan llena de sol, aunque en la calle soplaba ventisca y hacía un día de perros. Mi abuela María seguía sentada en su sitio de
5 siempre, junto a la ventana, y se alegró mucho cuando nos vio entrar a las dos.

—¡Maruja! —dijo—. Ya no vienes a verme tanto como antes. Será porque te estás haciendo mayor.

—No, abuela. Es que con lo de la nena ando muy ocupada.
10 Mire, la he traído para que la vea.

Mi abuela me pidió que se la acercara, y se deshizo en elogios hacia aquella nieta que le había salido de pronto. Le hizo a la nena toda clase de fiestas, y le cantó una canción de cuna de cuando ella era pequeña, aunque sin intentar besarla
15 ni tomarla en brazos. Mientras tanto, Angelita extendía hacia ella sus manitas y se reía mucho, con lo que me di cuenta de que podía verla igual que yo.

—Es una criatura preciosa —dijo mi abuela por fin—.Qué lástima que haya ido a nacer en estos tiempos tan malos.
20 —¿Por qué dice usted eso, abuela? —le pregunté yo, extrañada, porque no era la primera vez que la oía hablar de esa manera.

—Por nada, Maruja. Por nada. Ea, llévate ya a la chiquilla, que me parece que tiene hambre.
25 Me di la vuelta para salir de la habitación, y mientras lo hacía sentí un escalofrío, como si la temperatura hubiera bajado de repente. Igual lo imaginé, pero también me pareció que el sol lucía con menos fuerza dentro de la alcoba de mi abuela.

---

3 **soplar** wehen − 3 **una ventisca** viento fuerte − 11 **acercar** → cerca − 11 **deshacerse en elogios** repetir mucho lo bonita o buena que es uc − 13 **hacer fiestas a up** *aquí:* dedicarle la atención − 16 **una manita** → mano − 21 **extrañado** sorprendido − 25 **darse la vuelta** girarse − 26 **un escalofrío** sensación de frío causada por el miedo o una emoción intensa − 27 **igual** tal vez, quizás − 28 **lucir** brillar

# 6

Ese verano fuimos al pueblo de mi madre, donde pasamos las últimas vacaciones como Dios manda que íbamos a tener en muchos años. Más que un pueblo, La Higuera era una pequeña aldea donde no vivirían más de una docena de
5 familias. Pero mi madre tenía allí algunas tierras, y también una pequeña era que ella cedía a los labradores para que pudieran trillar y aventar su grano. Y por aquello de ser hijos de los dueños, nosotros nos sentíamos auténticos señoritos. Todas las mañanas nos plantábamos allí para subirnos al trillo
10 y azuzar la mula. «¡Arre! ¡Más deprisa!», gritábamos mientras dábamos vueltas y vueltas en torno a la era y las cuchillas de pedernal del trillo separaban el grano de la paja bajo nuestros pies. Nos reíamos como locos, y aquella buena gente nos miraba con expresión amable, aunque supongo que estaban
15 más que hartos de vernos aparecer cada día para distraerlos de sus labores. Por la tarde se cargaban los costales llenos de trigo en las galeras, que eran unos carros enormes y raros, con las ruedas traseras mucho más grandes que las delanteras. Subidos allí, en lo más alto, nos sentíamos los reyes del mundo.
20 La bola del sol se ocultaba poco a poco y parecía incendiar los campos recién segados, y nosotros volvíamos al pueblo adormecidos por el traqueteo de la galera, sucios de tierra y

---

2 **como Dios manda** como debe ser – 4 **una aldea** pueblo muy pequeño – 6 **una era** lugar donde se separa el *grano* (Getreidekörner) de la *paja* (Ähren) – 6 **ceder** *aquí:* dejar utilizar – 6 **un labrador** campesino, up que trabaja en el campo – 7 **trillar** separar el grano de la paja – 7 **aventar** worfeln – 7 **por aquello de ser** porque éramos – 8 **un dueño** propietario, amo – 8 **un señorito** hijo de up rica o importante – 9 **plantarse** *en un lugar coloq* llegar, aparecer, ir – 9 **un trillo** instrumento para trillar – 10 **azuzar** estimular una mula para que una ande – 10 **¡Arre!** grito para hacer mover a un burro o una mula – 11 **en torno a** alrededor de – 11 **una cuchilla** → cuchillo – 12 **un pedernal** Kiesel – 15 **distraer a up de uc** hacer que up no preste atención a uc – 16 **cargar** poner encima – 16 **un costal** saco grande – 16 **el trigo** Weizen – 17 **una galera** carro muy grande – 18 **trasero** que está detrás – 18 **delantero** que está delante – 20 **una bola** objeto redondo – 20 **ocultarse** esconderse – 20 **incendiar** quemar – 21 **recién segados** que se acaban de segar – 21 **segado** abgemäht – 22 **un traqueteo** *de un carro* movimiento

riendo a carcajadas cada vez que el polvillo del trigo nos hacía estornudar.

Por la noche, después de la cena, salíamos a la calle a disfrutar del fresco sentados en un poyo que había bajo un emparrado. Y allí nos quedábamos hasta muy tarde, porque era verano y nadie se acordaba de decirnos que teníamos que ir a la cama, como si el tiempo y los relojes hubieran dejado de existir. Mi madre mecía a la nena en sus brazos, aunque Angelita estaba ya muy espabilada y no quería dormirse tampoco, sino que prefería mirarlo todo con asombro y señalar con sus deditos para que le dijéramos el nombre de las cosas. Por entonces ya no se parecía nada a cuando nació. Estaba monísima, y hasta mis hermanos se habían reconciliado con ella y le hacían gracias para que se riera. Sentados allí, bajo las estrellas, pasábamos las horas muertas, tomando el fresco, contando chistes o escuchando embobados a nuestro padre, que sabía contar las historias más truculentas y apasionantes que he oído jamás: relatos sobre heroicos bandoleros que caían acribillados por las balas de la Guardia Civil, o sobre el Sacamantecas, un criminal célebre que se dedicaba a raptar niños y rajarlos y arrancarles las entrañas, con las que hacía cataplasmas para aliviar la tisis de su madre. Pero las noches que más disfrutábamos eran cuando mi padre sacaba a la calle el gramófono. Poníamos discos de Estrellita Castro y Concha

---

1 *reírse* **a carcajadas** haciendo mucho ruido – 1 **un polvillo** → *polvo* (Staub) – 2 **estornudar** niesen – 4 **un poyo** banco que está pegado a una pared – 5 **un emparrado** Weinlaube – 8 **mecer** *a un bebé* mover lenta y rítmicamente – 9 **espabilado** que no tiene sueño cuando debe dormir – 10 **con asombro** con curiosidad y sorpresa – 10 **señalar** zeigen – 13 **mono** *coloq* guapo – 13 **reconciliarse con** hacer las paces – 14 **hacer gracias a up** Späße machen – 15 **horas muertas** mucho tiempo seguido dedicado a una actividad – 16 **un chiste** historia corta que hace reír – 16 **embobado** admirado, prestando mucha atención – 17 **truculento** grausig – 18 **un bandolero** ladrón que robaba por los caminos – 19 **caer acribillado** morir de muchos *tiros* (Schuss) – 19 **una bala** proyectil de p ej una pistola – 19 **Guardia Civil** primer cuerpo de policía – 20 **raptar** llevarse a up con violencia sin que ella quiera – 21 **rajar** abrir con un cuchillo – 21 **arrancar las entrañas** sacar los órganos interiores p.ej. el estómago, el hígado, etc – 22 **una cataplasma** heißer Breiumschlag – 22 **aliviar** calmar – 22 **la tisis** tuberculosis – 24 **Estrellita Castro** (1908 – 1983) cantante y actriz española – 24 **Concha Piquer** (1908 – 1990) cantante y actriz española

Piquer, o de Carlos Gardel, que le cantaba a su Buenos Aires querido con una voz que sonaba remota y algo desafinada a través de la bocina del viejo gramófono. Recuerdo que nos turnábamos para darle a la manivela, y que cada dos por tres
5 había que cambiar la aguja, porque los discos se rayaban o empezaban a sonar como una sartén llena de patatas fritas. Pero lo mejor era cuando mi padre ponía sus discos de pasodobles, que guardaba como oro en paño, y la gente empezaba a acudir desde las casas cercanas. Se traían sus
10 sillas y sus botijos llenos de agua con un chorrito de anís, de los que los niños podíamos beber hasta acabar achispados, y empezaban a bailar en plena calle, en torno al gramófono, como si aquello fuera una verbena. Nos hacía mucha gracia cuando algún mozo sacaba a bailar a la tía Rosario, la hermana
15 de mi madre, que estaba soltera. Y a veces mi padre sacaba a bailar a mi madre, y yo sostenía a la nena en brazos mientras los veía dar vueltas y reír.

Creo que nunca habíamos sido tan felices como entonces, y desde luego no volveríamos a serlo. Sin embargo, no puedo
20 acordarme de aquel verano sin ponerme triste, a lo mejor porque no es posible recordar sin dolor todas esas cosas que acabaron para siempre.

Cuando volvimos a la ciudad ya era septiembre y estaba a punto de empezar la Feria. Aquéllos fueron también días
25 alegres, como si la gente supiera lo que estaba a punto de pasar y quisiera divertirse más que nunca. Mi padre nos dio

---

1 **Carlos Gardel** (1887–1935) cantante de tangos argentino – 1 **Mi Buenos Aires querido** (1934) tango cantado por Gardel – 2 **remoto** lejano – 2 **desafinado** que no da con el tono adecuado – 3 **una bocina** *de gramófono* Schalltrichter – 4 **turnarse** hacer una tarea por turnos, primero uno y después el otro y así sucesivamente – 4 **darle a** *la manivela* girar, dar vueltas – 4 **una manivela** Kurbel – 5 **rayarse** *un disco* estropearse → raya – 6 **una sartén** utensilio para freír – 8 **un pasodoble** música española de ritmo rápido – 8 **guardar** tener uc en un lugar para no perderla – 8 **como oro en paño** con mucho cuidado – 9 **acudir** *aquí:* venir – 10 **un botijo** recipiente de barro para conservar fría el agua – 10 **un chorrito** un poco – 11 **achispado** un poquito borracho – 13 **una verbena** fiesta al aire libre – 14 **un mozo** hombre joven – 16 **sostener** *en brazos* tener – 23 **estar a punto de** faltar muy poco para – 24 **una feria** Messe

dinero para comprar pipas y camarones, y para entrar a la caseta de la mujer decapitada, que a mí me dio mucho miedo, aunque mi hermano Paco se empeñó en que aquello era un timo y quiso que le devolvieran los dos reales que había
5 pagado. Entramos también en la Casa de la Risa para vernos reflejados en esos espejos que igual te hacían larguirucho o te mostraban gordísimo, vimos el teatro de títeres, y fuimos a ver las carreras de ratones y de caracoles, en las que los hombres apostaban como si aquellos bichejos fueran galgos. Yo estaba
10 muy contenta porque me encontré a muchas de mis amigas del colegio, a quienes no veía desde que acabó el curso, y pude hablar con ellas de lo que habíamos hecho aquel verano y presumir de mi nuevo vestido, que tenía manguitas de farol y una falda hueca y plisada.
15　　Pero recuerdo que hacia el final de la Feria pasó algo que lo estropeó todo. Fue una tarde que nuestros padres nos habían convidado a tomar un helado en una terraza. Justo en la mesa de al lado había un grupo de muchachos vestidos con camisas azules. Sobre el pecho llevaban bordado un escudo rojo con
20 un yugo y un haz de flechas. Yo sabía por qué iban vestidos así. Eran falangistas, del partido de José Antonio Primo de Rivera, un hombre joven con pinta de señorito que salía mucho en las revistas ilustradas. Pero mi padre siempre repetía que no eran más que una banda de gamberros y maleantes, y los llamaba
25 «fascistas», una palabra que yo entonces no entendía, aunque

---

1 **pipas** *fpl* gesalzene Sonnenblumenkerne – 1 **un camarón** gamba pequeña – 2 **una caseta** construcción provisional – 2 **decapitado** sin cabeza – 4 **un timo** engaño, fraude, estafa – 4 **un real** antigua moneda española – 6 **un espejo** objeto en el que te puedes ver – 6 **larguirucho** *despect* alto y delgado – 7 **un títer** marioneta – 8 **una carrera** competición de velocidad – 8 **un ratón** rata pequeña – 8 **un caracol** Schnecke – 9 **apostar** auf etw wetten – 9 **un bichejo** *despect* animal pequeño – 9 **un galgo** perro de carreras muy rápido – 13 **presumir** mostrar uc con orgullo – 13 **una manguita de farol** *dim* Bauschärmel – 14 **un vestido hueco** bauschig – 14 *una falda* **plisada** Plisseerock – 16 **estropear** hacer que uc deje de ser bonita – 16 **convidar** invitar – 19 **el pecho** Brust – 19 **bordado** gestickt – 19 **un escudo** Schild – 20 **un yugo** Joch – 20 **un haz de flechas** Pfeilbündel – 21 **un falangista** fascista – 21 **José Antonio Primo de Rivera** (1903–1936) político español, hijo del dictador Miguel Primo de Rivera (1870–1930) fundador y líder del partido Falange Española – 22 **una pinta** *coloq* aspecto – 24 **un gamberro** *coloq* que molesta y no respeta los lugares públicos

algo muy malo tenía que ser a juzgar por el desprecio con que mi padre la decía. Los muchachos de la mesa de al lado bebían coñac y armaban mucho alboroto. Mi padre frunció el ceño y nos dijo por lo bajo que ni siquiera los miráramos, aunque yo
5 no podía evitar hacerlo, porque acababa de darme cuenta de que uno de ellos era Paquito, el hermano mayor de las gemelas Torres. Procuraba, eso sí, mirarlo de reojo para que mi padre no se diera cuenta, pero Paquito me vio y me saludó con la mano. Con aquella camisa azul remangada y cruzada de correajes,
10 estaba más guapo de lo que lo había visto nunca, y yo me puse colorada y pensé que me iba a morir de vergüenza.

Entonces acertó a pasar por allí una pequeña manifestación, algo que por aquellos días se había vuelto de lo más normal. Esta vez eran obreros de una fábrica que estaban protestando
15 por algo que no recuerdo. Llevaban una pancarta en la que habían pintado una hoz y un martillo, y casi todos se habían anudado pañuelos rojos alrededor del cuello. Pues bien, fue verlos los falangistas de la mesa de al lado y empezar a gritar y a abuchearlos: «¡Hijos de la Pasionaria! —les decían—. ¡Iros
20 a Moscú!». Los llamaron también «rojos de mierda» y otras barbaridades gordísimas que yo nunca me atrevería a repetir. Los de la manifestación hicieron como que no los oían, pero entonces uno de los falangistas, precisamente Paquito, se levantó y lanzó su copa hacia el grupo de obreros que se
25 alejaba, con tanta puntería que fue a acertarle a uno de los hombres que iban al final. El hombre se llevó la mano a la

---

1 **a juzgar por** angesichts von – 1 **desprecio** falta total de respeto ≠ aprecio – 3 **armar alboroto** hacer mucho ruido y molestar – 3 **fruncir el ceño** die Stirn runzeln – 4 **por lo bajo** bajo, para que los otros no lo oigan – 7 **procurar** intentar – 9 **remangado** mit hochgekrempeltem Ärmel – 9 **cruzado** → cruz, →cruce – 9 **un correaje** Lederzeug – 12 **acertar a** + infinitivo suceder por casualidad – 12 **una manifestación** grupo de gente que va por la calle para protestar – 14 **un obrero** *de fábrica* trabajador – 15 **una pancarta** trozo de tela o de papel muy grande – 16 **la hoz y el martillo** Hammer und Sichel – 16 **anudar** hacer un *nudo* (Knoten) – 17 **fue verlos y empezar a gritar** en el momento que los vieron empezaron a gritar – 19 **abuchear** mostrar desaprobación mediante gritos o ruidos – 19 **la Pasionaria** Dolores Ibárruri (1895 – 1989) dirigente del Partido Comunista de España. – 21 **atreverse** etw wagen, sich trauen – 24 **lanzar** tirar, arrojar – 25 **alejarse** ≠ acercarse →lejos – 25 **con tanta puntería** con tan buen ojo – 25 **acertar a up** tocar

cabeza y se giró, y después, encarándose con los falangistas, les gritó: «¡Fascistas!». «¡Y a mucha honra!», contestó uno de ellos, y eso que yo creía que lo de «fascista» era un insulto muy grande. El caso es que todos ellos se pusieron de pie,
5 extendieron el brazo derecho y empezaron a cantar el *Cara al sol*, que era el himno de los falangistas. A los obreros no debió de gustarles la canción, porque tan pronto como la oyeron un grupo de ellos se acercó hacia la mesa de los falangistas con cara de pocos amigos. Allí iba a armarse una gorda, y nosotros
10 seguíamos en la mesa de al lado con nuestros helados sin terminar. Mi madre llevaba ya un rato tirándole a mi padre de la manga y susurrándole: «Ay Dios mío, Eloy, vámonos de aquí, por lo que más quieras». Pero mi padre no parecía tener intención de marcharse, porque observaba la escena con
15 cara de estar más enfadado cada minuto. De pronto, cuando los obreros estaban ya casi encima de los falangistas y éstos se preparaban para empezar a repartir puñetazos, vimos asombrados que mi padre se ponía de pie para interponerse entre los dos grupos. «Disculpen ustedes a estos muchachos
20 —les dijo a los obreros—, que llevan unas copas de más y no saben lo que hacen». Los falangistas estaban tan asombrados que no acertaban a abrir la boca. Justo cuando parecía que iban a reaccionar, mi padre se volvió hacia ellos y le dijo a Paquito: «¿No te da vergüenza? Estos hombres no os han
25 hecho nada. Llévate a tus amigotes de aquí o ahora mismo me voy a hablar con don Ramón». Don Ramón era el padre de Paquito, el notario, a quien el mío conocía un poco porque éramos prácticamente vecinos. Mi padre había hablado como quien le riñe a un niño. Paquito resoplaba con la cara colorada

1 **encararse con** up ponerse frente a up en actitud agresiva – 2 **a mucha honra** Ich bin stolz darauf! – 3 **un insulto** ofensa – 8 **con cara de pocos amigos** serio, seco ≠ amable – 9 **armarse una gorda** organizarse una pelea – 12 **una manga** Ärmel – 12 **susurrar** hablar muy bajo – 13 **por lo que más quieras** por favor – 14 **marcharse** irse – 14 **con cara de** con aspecto de – 15 **enfadado** enojado ≠ alegre – 17 **repartir puñetazos** pegar, dar golpes – 18 **asombrado** con sorpresa, admiración o extrañeza – 18 **interponerse entre** ponerse en medio de – 20 **llevar unas copas de más** estar borracho – 22 **no acertar a abrir la boca** no saber qué decir – 24 **dar uc vergüenza a up** sich schämen – 25 **un amigote** *despect* amigo – 29 **reñir** ausschimpfen – 29 **resoplar** echar ruidosamente el aire por la boca o la nariz

de rabia, y yo llegué a temer que fuera a levantarle la mano. Otro de los falangistas, un tipo muy alto con cara de matón, se adelantó con intención de empujar a mi padre, pero Paquito lo detuvo: «Venga, compañeros, ahuecando el ala —les dijo a los demás—, que aquí no se nos ha perdido nada». Y se fueron sin dejar de mirar a los obreros, que les devolvían la mirada dispuestos a saltarles encima a la menor provocación. Después todos se acercaron a mi padre y lo felicitaron por su temple. Pero él no parecía contento por haber evitado la pelea. «Vámonos nosotros también», dijo con voz cansada. Y ya no volvimos más a la Feria aquel año.

---

1 **la rabia** Wut – 1 **levantar la mano a uc** pegar, golpear – 2 **un matón** *coloq* hombre que busca pelea (Raufbold) – 3 **adelantarse** ir hacia delante – 3 **empujar** fortstoßen – 4 **detener** parar – 4 **ahuecar el ala** *coloq* irse – 6 **devolver la mirada** den Blick erwidern – 7 **dispuesto a** preparado para – 7 **saltar encima de up** atacar, agredir – 9 **el temple** capacidad de enfrentarse con calma y tranquilidad a situaciones difíciles

# 7

Desde el día aquel de la riña entre los obreros y los falangistas, yo cada vez veía a mi padre más abatido. A veces hablaba con mi madre cuando pensaba que nadie los oía, y siempre repetía que las cosas iban de mal en peor, que los de
5 Madrid eran una pandilla de sinvergüenzas y que entre todos se iban a cargar la República que tanto había costado conseguir. Hablaba muy mal del presidente Lerroux y de los «meapilas de la CEDA», y decía que ya era hora de que Azaña fuera haciendo algo. Yo sabía que el señor «Hazaña» (así pensaba yo que se
10 escribía, con h, como me habían enseñado en el colegio) era el jefe nacional de Izquierda Republicana, el partido al que pertenecían mi padre y mi tío David, y del que el tío Arturo era jefe provincial. Le había oído contar a mi padre que aquel hombre había trabajado mucho para que España saliera de
15 su atraso, para que no hubiera tanta gente analfabeta y todos pudieran ganarse la vida. «Pero no le dejan —decía mi padre siempre con un suspiro—, porque a los caciques les conviene que las cosas sigan como están». Y mi madre, a quien no le gustaba que se hablara de política en casa, y menos delante de
20 nosotros, torcía el gesto y decía aquello de la «ropa tendida» que tanta rabia me daba.

---

1 **una riña** discusión – 2 **abatido** deprimido, sin fuerzas o energía – 4 **de mal en peor** cada vez peor – 5 **una pandilla** grupo de gente – 5 **un sinvergüenza** persona sin ética ni moral – 6 **cargarse uc** destruir – 7 **Alejandro Lerroux** (1864–1949) presidente del gobierno durante un breve período de la Segunda República Española. Pactó con los conservadores – 7 **un meapilas** *coloq despect* persona que va mucho a la iglesia y tiene una moral religiosa muy tradicional – 8 **CEDA** alianza de partidos políticos católicos de derechas fundada en 1933. – 8 **Manuel Azaña** (1880–1940) político y escritor español que desempeñó los cargos de Presidente del Gobierno de España (1931–1936) y Presidente de la Segunda República Española (1936–1939). – 9 **una hazaña** acción importante o heroica – 15 **el atraso** ≠ progreso, ≠ desarrollo – 17 **un suspiro** respirar profundamente expresando tristeza (Seufzer) – 17 **un cacique** persona en un pueblo que tiene demasiada influencia – 20 **torcer el gesto** poner expresión de enfado o disgusto – 20 **haber ropa tendida** *coloq* palabras que se usan para decir que hay niños y que es mejor cambiar de tema de conversación – 21 **dar rabia** molestar mucho

Por su apellido, yo a «Hazaña» me lo imaginaba como un hombre alto y fuerte, una especie de héroe invencible como el Cid o como don Juan de Austria. De todos modos, no debía de ser para tanto cuando habían conseguido echarlo
5 de presidente. Aunque ahora parecía que iba a volver, porque se había puesto de acuerdo con los jefes de otros partidos para ganar las elecciones y echar del Gobierno a Lerroux y a la CEDA. Se llamaban «el Frente Popular», y yo estaba segura de que no podían perder si «Hazaña» estaba con ellos. Sin
10 embargo, mi padre no estaba tan convencido de que aquello del Frente Popular fuera la mejor solución para arreglar los problemas, y siempre decía que lo que habían inventado era un tótum revolútum del que no podía salir nada bueno.

Así las cosas, se iba acercando la fecha de aquellas elecciones
15 tan sonadas, que iban a celebrarse un domingo del mes de febrero. Por aquellos días la ciudad estaba muy agitada. En los cines ya no hacían películas, sólo actos políticos, y no había manera de salir a la calle sin toparse con una manifestación. Los chavales que vendían periódicos se desgañitaban por
20 las esquinas, porque todo el mundo quería saber qué estaba pasando en las grandes ciudades. La gente estaba nerviosa y cada dos por tres había altercados en la calle. Era como si todos se estuvieran volviendo locos, sobre todo los falangistas, que andaban metidos en todos los fregados. Pero había otros que
25 tampoco se quedaban mancos, como los anarquistas de la FAI y la CNT que tanto miedo les daban a las monjas de mi colegio,

2 **un héroe** Held – 2 **invencible** que nadie lo puede vencer ≠ derrotado – 3 **el Cid** (hacia 1043-1099) héroe de la Reconquista (Rückeroberung Spaniens aus der Maurenherrschaft, 718-1492) – 3 **Don Juan de Austria** (1547–1578) hijo natural del emperador Carlos V, fue militar y diplomático durante el reinado de Felipe II de España. – 6 **ponerse de acuerdo** *aquí:* formar una coalición – 8 **Frente Popular** coalición creada en 1936 por los principales partidos de centro-izquierda españoles – 13 **un tótum revolútum** *lat* un poco de todo – 15 **sonado** uc que llama la atención y de la que hablan todos – 16 **agitado** con inquietud social y política ≠ tranquilo – 18 **toparse con** encontrarse con – 19 **un chaval** *coloq Esp* chico – 19 **desgañitarse** gritar muy alto, forzando la voz – 22 **un altercado** discusión violenta, pelea – 24 **andar metido en todos los fregados** *coloq* participar en todos los aborotos y discusiones – 25 **no quedarse manco** *aquí:* ser igual de malos o violentos – 25 **FAI** Federación Anarquista Ibérica – 26 **CNT** unión de *sindicatos* (Gewerkschaft) de ideología anarquista

y también los comunistas, que eran otros distintos, aunque se los llamara a todos «rojos» para abreviar.

Me acuerdo de que un día, cuando andaba yo con mi madre por la calle Mayor, estalló una reyerta y casi nos pilla a las dos en medio. Pasamos mucho miedo viendo a aquellos hombres tan grandes pegarse como si fueran chiquillos en el patio de un colegio. y menos mal que vino la policía y los separó, aunque antes tuvieron que llevarse detenidos a unos cuantos que no querían dejar de atizarse. Yo no entendía los motivos de aquellos hombres, que a buen seguro tendrían mujer e hijos, para odiarse de esa manera. Y tampoco mi madre entendía nada, porque recuerdo que de regreso a casa no paraba de llorar y lamentarse: «Sinvergüenzas, que son todos unos sinvergüenzas —decía—. Y entre todos nos van a llevar a la ruina».

Pero mi recuerdo más nítido de aquel invierno es el de un acto de Izquierda Republicana que se celebró en la plaza de toros. Iba a hablar el tío Arturo, y después el mismísimo «Hazaña», que había venido a propósito desde Madrid para contarnos lo que iba a hacer cuando ganara las elecciones. Yo estaba muy nerviosa y muy contenta con aquello de conocer a «Hazaña», y me puse mi mejor vestido, aunque apenas lo pude lucir debajo del grueso abrigo que mi madre me hizo ponerme por el frío. «No sé qué pintan dos criaturas en ese fregado —me acuerdo de oírla refunfuñar—. Sobre todo la niña». Pero mi padre se había empeñado en llevarnos, porque decía que sería bueno para nuestra educación, y a la educación tenían el mismo derecho los chicos que las chicas, y eso a mí me parecía muy bien. De modo que un poco antes de las cuatro salíamos a la calle agarrados los dos de la mano de mi padre, mientras

---

2 **abreviar** hacer uc más corta – 4 **estallar** empezar – 4 **una reyerta** lucha violenta – 4 **pillar** sorprender – 7 **menos mal** gracias a Dios – 9 **atizarse** pegarse, golpearse – 10 **a buen seguro** seguramente – 14 **llevar a up a la ruina** causar su perdición – 16 **un recuerdo** → recordar – 16 **nítido** claro – 18 **el mismísimo "Hazaña"** "Hazaña" selbst – 19 **a propósito** *aquí:* por este acto – 23 **lucir** *un vestido* exihibir para que los otros lo vean – 23 **grueso** gordo – 23 **hacer hacer uc a up** obligar, ordenar – 24 **pintar** *coloq* hacer – 24 **un fregado** *aquí:* Sache, Geschichte – 25 **refunfuñar** hablar bajo, poco claro y protestando – 30 **agarrado** cogido

oíamos berrear a mi hermano Paco, que se había quedado en casa porque mi madre había dicho que era muy malo y que podía hacer cualquier trastada si nos lo llevábamos.

Cuando llegamos, encontramos la plaza tan llena como si fuera a torear Juan Belmonte, aunque se había retirado el año anterior. Había banderas de la República por todas partes, y muchas pancartas, y todo el mundo batía palmas y coreaba las piezas que tocaba la banda de música.

Por fin se hizo el silencio y se asomó a la tribuna el primer orador, que no era otro que mi tío Arturo. Iba muy elegante y habló muy bien. La gente lo escuchó con mucha atención, y yo me sentí muy orgullosa de que aquel señor tan importante fuera primo de mi padre. Después hablaron los candidatos para las elecciones, un señor que se llamaba José Prat y otros de los que ya no me acuerdo, contando lo que iban a hacer en las Cortes si los votaban. Y después se notó mucha expectación y tocaron el himno de Riego, porque iba a subir Azaña a la tribuna. Yo entonces ya había notado que en las pancartas decía «Azaña», sin la *h*, y me hacía cruces de la cantidad de gente sin cultura que había. Con razón se decía que había que construir tantas escuelas nuevas. Entonces apareció él, y de repente supe que la que se equivocaba era yo y que aquel hombre no podía llamarse «Hazaña», porque no había en él nada de heroico. Era un señor mayor y calvo, con unos anteojos muy gruesos y pinta de maestro de escuela. Pero entonces empezó a hablar y se me olvidó por completo su aspecto, porque lo que dijo fue muy hermoso, y las palabras que empleó, las más bonitas que yo había oído nunca. Habló

---

3 **una trastada** diablura – 5 **Juan Belmonte García** (1892–1962) uno de los toreros más populares de la historia – 7 **bater palmas** aplaudir – 7 **corear** cantar o hablar varias personas al mismo tiempo – 9 **una tribuna** plataforma elevada desde donde up habla en público – 10 **un orador** up que habla en público – 12 **orgulloso** stolz – 14 **José Prat** (1905–1994) abogado y político español – 16 **las Cortes** parlamento español – 16 **una expectación** espera de uc con mucha atención e interés – 17 **himno de Riego** himno nacional durante la II República – 19 **hacerse cruces** mostrar asombro o escándalo – 24 **calvo** sin pelo – 25 **unos anteojos** *mpl* gafas – 25 **un maestro** profesor – 27 **hermoso** bonito – 28 **emplear** utilizar, usar

de una España nueva, y de la libertad, y del progreso, y de otras muchas cosas que apenas entendí, pero que sonaron igual de bien, y era muy emocionante estar allí entre aquella multitud, oyendo a Azaña (ya no me importaba que fuera sin *h*) hablar
5 de aquel futuro que íbamos a construir entre todos, y aplaudir, y gritar, y sentirme parte de algo mucho más grande que yo. Hubo momentos en que me asomaron lágrimas a los ojos y pensé que iba a ponerme a llorar como una niña pequeña. Pero entonces miré a mi padre y vi que él también aplaudía
10 y gritaba, y que también él tenía los ojos húmedos. Creo que nunca me he sentido tan cerca de mi padre como aquel día en que me llevó con mi hermano a aquel acto de Izquierda Republicana.

Cuando acabaron los discursos, mi padre quiso que
15 fuéramos a saludar a Azaña, a quien rodeaba muchísima gente que quería felicitarlo. Creí que nunca podríamos acercarnos, pero entonces el tío Arturo nos vio y les ordenó a los guardias que nos abrieran un pasillo.

—Don Manuel —dijo el tío Arturo—,permítame que le
20 presente a un hombre de una pieza, mi primo Eloy Cebrián. La muchacha y el niño que lo acompañan son sus hijos mayores.

Azaña nos sonrió y estrechó con fuerza la mano de mi padre, que estaba tan emocionado que no fue capaz de decir palabra. Después le dio a mi hermano Gabriel una palmadita en la cara.
25 Creí que luego me daría otra a mí, pero en lugar de eso me dio la mano, y dijo: «Encantado, señorita». Yo pensé que me moría de alegría al ver que alguien tan importante me trataba como a una persona mayor, pero aún tuve presencia de ánimo para decir con un hilo de voz: «El gusto es mío, don Manuel».
30 Después, aunque encarnada de vergüenza, lo miré a la cara. Me pareció un hombre muy triste y muy solo.

---

3 **una multitud** mucha gente – 10 **húmedo** ≠ seco – 15 **rodear** tener por todos lados – 20 **de una pieza** rechtschaffen – 21 **acompañar** ir con up – 22 **estrechar la mano** dar la mano – 23 **ser capaz de** poder – 24 **una palmadita** *dim* golpe con la palma de la mano que expresa afecto – 27 **morirse de alegría** sentir mucha alegría – 27 **tratar** behandeln – 29 **un hilo de voz** voz débil, que casi no se puede oír – 30 **encarnado** rojo – 30 **la vergüenza** Schüchternheit

A los pocos días se celebraron las elecciones. Tal y como yo esperaba, ganó el Frente Popular y Azaña volvió a ser presidente. Al principio todos estábamos muy contentos, casi tanto como cinco años antes, el día que entró la República.
5 Pensábamos que las cosas iban a cambiar por fin. Y lo hicieron, aunque para peor. Cada día había una nueva huelga, y era muy difícil salir a la calle sin toparse con un altercado o una manifestación. Parecía que los falangistas se hubieran multiplicado, porque se veían camisas azules por todas partes
10 y campaban por sus respetos sin que casi nadie se atreviera a chistarles. Sólo los otros, los rojos, los plantaban cara. Ahora ya no peleaban con los puños. Mucha gente llevaba pistola, y nadie salía de su casa por las noches, porque entonces era cuando pasaban las cosas más terribles. Aunque no fue de
15 noche, sino en pleno día, cuando a mi tío Arturo le pegaron dos tiros en medio de la calle. Por suerte las balas apenas lo rozaron, pero el que había disparado se fue tan campante y nadie hizo nada por pararlo. Menos suerte tuvo el señor Calvo Sotelo, un político muy importante de Madrid al que sacaron
20 de su casa para acribillarlo a tiros. A mi padre se le veía cada vez más preocupado y de peor humor; mi madre y mi tía Rosario rezaban sin parar y hacían novenas, y le ponían velas a todos los santos. En la habitación del fondo de la casa, cada día brillaba menos el sol a través de la ventana.
25 —¿Qué está pasando, abuela?

—Ya se acerca, querida, ya se acerca.

Era el mes de julio de 1936. El calor estaba siendo muy fuerte aquel verano. Por eso me extrañó notar aquella ráfaga de aire frío de repente.

---

1 **tal y como** así como – 6 **cambiar para peor** empeorar – 10 **campar por sus respetos** actuar o moverse libremente – 11 **chistar** *aquí:* decir uc – 11 **plantar cara** oponer resistencia – 12 **pelear** luchar – 12 **un puño** mano cerrada – 15 **pegar tiros** erschießen – 17 **rozar** tocar levemente – 17 **disparar** pegar tiros – 18 **José Calvo Sotelo** (1893–1936) político español de ideología monárquica – 19 **sacar** ≠ meter – 20 **acribillar a tiros** matar brutalmente – 22 **una novena** Novene – 22 **una vela** Kerze – 23 **del fondo** del final – 28 **una ráfaga de aire** corriente de aire fuerte y corta

# 8

Cada vez que hago memoria para recordar cómo fue todo aquello, tengo la sensación de que la guerra empezó en mi propia casa, quizá porque mi tío Arturo estaba allí cuando lo detuvieron. Era domingo, un bochornoso domingo de
5 julio, y el tío se había presentado a eso de las cuatro. Venía acompañado por el hombre que le hacía de escolta, porque desde que le dispararon nunca caminaba solo por la calle. Cuando entró me fijé en que tenía un aspecto extraño. Estaba pálido y descompuesto, precisamente él, que siempre nos
10 había parecido tan solemne como una estatua. Nada más verlo, mi padre debió de notar que algo muy grave ocurría, porque enseguida se lo llevó a su despacho. Confieso que me acerqué a la puerta para intentar enterarme de lo que pasaba, pero tanto mi padre como el tío hablaban en voz muy baja,
15 casi en susurros, como si temieran que alguien pudiera oírlos. Durante un rato sus voces sonaron muy agitadas, y entonces me pareció que repetían la palabra *pronunciamiento*. El cristal esmerilado de la puerta me dejó ver cómo mi padre se ponía de pie y caminaba muy nervioso por todo el despacho. Aquello
20 empezó a darme miedo, y pensé que lo mejor que podía hacer era dejar de espiar y marcharme.

Todos estaban durmiendo la siesta. En la silenciosa casa, el único sonido eran los gorjeos de mi hermana Angelita, que estaba acostada en su cuna, en la habitación de mis padres.
25 Entonces oí que llamaban a la puerta, tres aldabonazos secos y muy fuertes. «Vaya —pensé—, quien sea va a tirar la puerta abajo». Y salí muy decidida a abrir, porque mi madre estaba en

---

4 **bochornoso** de mucho calor – 5 **a eso de** gegen – 6 **hacer de** trabajar de – 8 **fijarse en** darse cuenta de, notar – 9 **descompuesto** verstört – 10 **solemne** imponente – 10 **nada más verlo** cuando lo vio – 11 **grave** serio e importante – 15 *hablar* **en susurros** muy bajo – 16 **agitado** nervioso – 17 **un pronunciamiento** Putsch – 18 **esmerilado** que no brilla – 21 **espiar** observar a up sin que ella lo sepa – 23 **un sonido** ruido – 23 **un gorjeo** Lallen – 25 **un aldabonazo** golpe fuerte – 26 **tirar la puerta abajo** romper la puerta

la cama y yo, a mis 12 años y medio, me consideraba ya el ama de la casa.

El caso es que al abrir casi me quedo paralizada del susto. En el rellano había dos desconocidos. Iban vestidos como gente normal, con americana y corbata. Pero la gente normal no lleva pistolas en la mano, como aquellos dos. Durante un instante me pasaron toda clase de ideas por el magín. Pensé en cerrar de un portazo, o ponerme a gritar, o salir corriendo, o en hacer todo eso a la vez. Y al final no hice más que quedarme allí parada con cara de tonta, mirando las pistolas con el rabillo del ojo.

—Buenas tardes, ¿es casa de don Eloy Cebrián? —preguntó uno de ellos en un tono áspero y muy desagradable.

—Sss…í —respondí con un hilo de voz, mientras notaba que las piernas empezaban a flaquearme.

—¿Está él?

Yo dije que sí con la cabeza procurando contener las lágrimas que ya me asomaban a los ojos.

—¿Y lo acompaña el doctor Arturo Cortés, el que fue gobernador?

Aquí ya no supe qué responder, pues pensé que si les decía la verdad aquellos hombres podían hacerle daño a mi padre o al tío, y si mentía a lo mejor la tomaban conmigo. De pronto me sentí muy pequeña y muy indefensa. Y los dos hombres seguían allí sin guardar las pistolas y con cara de estar perdiendo la paciencia. Dios mío, qué podía hacer yo. Pero de repente oí la voz del tío detrás de mí:

—¿Me buscan, señores?

Entonces los dos entraron con la pistola en ristre, y creo que si no me aparto habrían sido capaces de pisotearme. El escolta

---

3 **un susto** Schrecken – 4 **un rellano** Treppenabsatz – 4 **desconocido** ≠ conocido – 7 **un instante** momento – 7 **el magín** *Esp coloq* cabeza – 8 **un portazo** golpe de puerta – 10 **con el rabillo del ojo** sin que los otros lo noten – 13 **áspero** antipático ≠ amable – 15 **flaquear** perder fuerza – 22 **hacer daño** hacer mal, perjudicar – 23 **tomarla con up** *coloq aquí:* enfadarse – 24 **indefenso** sin protección – 29 **en ristre** preparado para ser utilizado – 30 **apartarse** quitarse, marcharse de un lugar – 30 **pisotear** festtreten

del tío Arturo se adelantó, pero él le hizo una seña para que se quedara quieto.

—Acompáñenos, por favor —le ordenó uno de los hombres.

Y, sin pronunciar una sola palabra más, esposaron al tío
5 Arturo y a su guardaespaldas y los obligaron a salir.

—Avisa a mi familia, Eloy —dijo el tío mientras se lo llevaban—. Y no os preocupéis por mí, que esto va a ser cosa de horas.

Cuando ya se habían ido, mi padre se quedó allí de pie
10 durante un rato. Miraba muy fijamente la puerta abierta y parecía incapaz de reaccionar.

—¿Quiere usted que cierre, padre? —fue lo único que se me ocurrió decir.

Él asintió y se giró muy despacio. Después regresó a su
15 despacho y se encerró allí. Desde fuera se oyeron sus sollozos. Aquélla fue la primera vez que oí a mi padre llorar.

1 **una seña** señal, indicación – 4 **esposar** die Handschnellen anlegend – 5 **un guardaespaldas** ms escolta – 6 **avisar** dar una noticia – 7 **ser cosa de horas** de poco tiempo de duración – 13 **ocurrírsele uc a up** pensar, tener una idea – 15 **encerrarse →** cerrar

# 9

Lo que había pasado era ni más ni menos que parte del ejército se había sublevado contra la República. Eso nos contó mi padre esa misma noche, durante la cena, después de haberse pasado la tarde pendiente de la radio.

5 —¿Es esto la guerra, Eloy? —le preguntó mi madre con los ojos abiertos como platos.

Mi padre nos miró. Mis dos hermanos parecían a punto de llorar. Paco, el pequeño, ya había empezado a hacer pucheros, y Gabriel tenía los ojos relucientes y le temblaba la barbilla. 10 Yo quise dar ejemplo y todavía aguantaba, pero desde que se habían llevado al tío notaba un dolor sordo en el estómago y tenía unas ganas enormes de salir corriendo y esconderme donde nadie pudiera encontrarme.

—¡Qué va a ser la guerra, mujer! —dijo mi padre tras una 15 vacilación—. Esto se arregla enseguida, te lo digo yo. Ya viste en el 32, cuando el pronunciamiento de Sanjurjo en Sevilla. Y luego nada de nada.

Yo no sabía quién era Sanjurjo ni qué había pasado en Sevilla en el 32, pero me fui a la cama un poca más tranquila después 20 de que mi padre dijera aquello.

El día siguiente, que era lunes, lo pasamos entero metidos en mi casa. Mi padre debió de recorrerse el pasillo unas doscientas veces, como si fuera un león encerrado en una jaula del zoo. En un par de ocasiones, se asomó a la calle por 25 las ventanas del comedor, aunque sin atreverse a descorrer los visillos. A ratos se oía pasar algún coche o algún camión, y una vez creímos oír ruido de botas, como si un grupo de soldados

---

2 **un ejército** conjunto de militares de un país – 2 **sublevarse** alzarse en rebelión – 4 *estar pendiente* prestar o dedicar mucha atención – 8 **hacer pucheros** llorar – 9 **reluciente** brillante – 9 **temblar** zittern – 9 **la barbilla** Kinn – 10 **aguantar** aushalten – 11 *dolor sordo* difuso y continuado – 14 **¡Qué va a ser guerra!** Das ist doch kein Krieg! – 15 **una vacilación** indecisión, duda – 16 **José Sanjurjo Sacanell** (1872–1936) militar español, en 1932 organiza una rebelión contra el gobierno – 21 **entero** completo – 24 **una jaula** donde viven los animales en el zoo – 24 **en un par de ocasiones** un par de veces – 25 **descorrer** aufziehen – 26 **un visillo** cortina fina y casi transparente

estuviera desfilando. Quisimos asomarnos para verlos, pero mi padre nos dijo que el que se acercara a menos de cinco metros de las ventanas se la iba a ganar. De todas maneras, la calle permanecía tan en calma como si, en lugar de lunes, fuera un 5 día festivo.

La radio estuvo encendida toda la tarde, y mi padre no separó la oreja de ella. Cuando giraba los botones se oía «*chiuuuuuuuu-ñiiiiiiiiiiiiiii*», y a veces sonaba música, pero hasta que mi tío David vino al anochecer con noticias no 10 supimos lo que realmente ocurría.

—Los chiquillos que se vayan a jugar al corral —ordenó mi padre, mientras su hermano, que venía sudoroso y con cara asustada, se sentaba para tomar un vaso de agua.

Los tres obedecimos, pero yo ya no me consideraba una 15 chiquilla, así que dejé a mis hermanos dándole patadas al balón y volví sobre mis pasos para ver si me enteraba de algo. Mis padres y mi tío David hablaban en el despacho y me quedé junto a la puerta para escuchar. Sabía que lo que hacía no estaba bien, pero a mis casi 13 años, creía que tenia derecho a 20 saber lo que estaba pasando.

De este modo me enteré de que la sublevación de los militares era mucho más grave de lo que mi padre había dicho el día anterior. Parece que se habían hecho dueños de media España, aunque el levantamiento había fracasado en 25 las grandes ciudades. Así y todo, el país estaba ahora partido en dos mitades: una seguía en poder de la República y la otra en manos de los rebeldes. Pero ¿en qué mitad estábamos nosotros?

—¿Se ha sublevado el ejército de África? —preguntó mi 30 padre.

---

1 **desfilar** desfile – 5 *un día* **festivo** que nos se trabaja – 6 **encendido** abierto ≠ apagado – 7 **no separar la oreja** no dejar de escuchar – 9 **el anochecer** cuando se hace de noche – 11 **un corral** lugar donde se guardan los animales domésticos – 12 **sudoroso** schweißbedeckt – 14 **obedecer** hacer lo que up dice – 15 **dar patadas** dar golpes con los pies – 16 **volver sobre sus pasos** volver por el mismo camino – 23 **hacerse dueño** tomar, tener el dominio – 24 **un levantamiento** sublevación, golpe – 24 **fracasar** ≠ triunfar – 25 **partido** ≠ unido → parte – 26 **una mitad** media parte de un todo – 29 **sublevarse** levantarse, rebelarse

—Sí. Están bajo el mando del general Franco. Aunque de momento no pueden cruzar el Estrecho, porque la Armada sigue siendo leal a la República.

—¿Y Arturo? ¿Qué sabes de él?

5 —Me han dicho que lo tienen preso en la cárcel provincial. Pero podéis estar tranquilos. No creo que se atrevan a tocarle ni un pelo.

—¿Qué pasa?, ¿están deteniendo a mucha gente, David? —preguntó entonces mi madre con la voz llena de ansiedad.

10 —A bastantes. Se han llevado ya a todas las autoridades y a las personas más destacadas del Frente Popular. La noche pasada hubo bandas de fascistas rondando por las calles, todos ellos armados con pistolas y escopetas. Ésos son los peores, sobre todo los falangistas, porque actúan a capricho y con 15 total impunidad. Me he enterado de que han estado sacando a gente de su casa. Y al que se llevan …

—¿Pero nadie está haciendo nada? —preguntó mi padre con rabia.

—Esta mañana había mucha gente delante del edificio 20 del Gobierno Civil. Exigían que se le repartiera armas a la ciudadanía, pero el gobernador no quiso saber nada del asunto. Más le habría valido escucharlos, porque poco después llegaban los guardias para llevárselo. Al cabo de un rato, el comandante militar ha decretado el estado de guerra. Están 25 prohibidas las reuniones de más de dos personas y el tráfico de automóviles. Y supongo que seguirán las detenciones.

—¡Dios mío de mi vida! —dijo mi madre, al borde del llanto—. ¿Qué podemos hacer, Eloy? ¿Y si vienen a llevarte a ti también?

---

1 **estar bajo el mando de** estar a las órdenes de – 2 **el Estrecho** Estrecho de Gibraltar – 3 **leal** fiel – 5 **tener preso** verhaftet sein – 8 **detener** festnehmen – 9 **la ansiedad** preocupación o temor – 11 **destacado** importante – 12 **rondar** andar de noche por las calles para vigilar – 13 **armado** con armas, por ej. una pistola – 13 **una escopeta** Gewehr – 14 **actuar** sich benehmen, sich verhalten – 14 **a capricho** según lo que a uno le apetece – 15 **la impunidad** sin castigo – 20 **el Gobierno Civil** Zivilverwaltungsgebäude – 20 **exigir** pedir – 20 **repartir** entregar, dar – 21 **la ciudadanía** conjunto de habitantes – 22 **valerle más a up hacer uc** ser mejor para ella – 27 **al borde del llanto** a punto de llorar

Yo seguía escondida junto a la puerta, pero poco faltó para que me descubrieran en ese momento. Acababa de darme cuenta de que mi padre estaba en peligro, y esa idea terrible casi me hizo gritar. Mientras me tapaba la boca con las dos
5 manos, mi padre intentó tranquilizar a mi madre, que estaba casi fuera de sí. Le dijo que no iban a venir a buscarlo porque él no era nadie importante, y que habrían podido llevárselo el día anterior, cuando detuvieron al tío, y no lo habían hecho. En ese momento habló el tío David:
10 —Yo creo que lo mejor va a ser irse durante unos días, hasta que la situación se aclare. Si las provincias cercanas siguen bajo el control de la República, no pasará mucho tiempo antes de que los rebeldes de aquí tengan que rendirse. Pero mientras eso llega no está de más tomar precauciones.
15 Al día siguiente nos sacaron de la cama muy temprano, antes del amanecer. Mis hermanos se frotaban los ojos y protestaban, más dormidos que despiertos, y mi madre llevaba a la nena en brazos. Delante de la puerta nos esperaba una tartana. Las farolas, que continuaban encendidas, iluminaban
20 una calle vacía y silenciosa.
—¿Adónde vamos, padre? —pregunté.
—A Casa Nueva. Nos vamos a pasar allá unos cuantos días.
Salimos de la ciudad evitando las calles principales. Mis tres hermanos habían vuelto a dormirse tan pronto como se
25 subieron a la tartana. Mi madre, sin soltar a la nena, miraba espantada en todas direcciones, como temiendo que a la vuelta de cualquier esquina pudiera aparecer una banda de hombres armados para darnos un susto. Pero la ciudad parecía deshabitada, muerta. Ni siquiera un chucho callejero se cruzó
30 en nuestro camino, y lo único que se oía era el «cloc-cloc» de

---

3 **un peligro** Gefahr – 4 **hacer gritar** zum Schreien bringen – 4 **tapar** cubrir – 6 **venir a buscar** *aquí:* detener – 13 **rendirse** sich ergeben – 14 **estar de más** ser innecesario – 16 **frotarse** *los ojos* sich reiben – 19 **una tartana** coche tirado por animales – 19 **una farola** luz de la calle – 19 **iluminar** dar luz – 23 **evitar** *aquí:* sin pasar por – 25 **soltar** dejar – 26 **espantado** asustado, con miedo – 28 **dar un susto** erschrecken – 29 **deshabitado** sin habitantes – 29 **un chucho** *despect* perro – 29 **cruzarse en el camino de up** encontrar

los cascos de la mula sobre los adoquines. Entonces, justo cuando estábamos a punto de salir a la carretera, oímos una voz que gritaba: «¡Alto!».

—Sooo —dijo mi padre tirando de las riendas, mientras mi madre se aferraba con fuerza a su brazo. Dos sombras surgieron de la oscuridad. A la luz de una farola vimos que era una pareja de la Guardia Civil. Uno de ellos se acercó. El otro se quedó atrás con el fusil en ristre.

—A ver, ¿dónde van ustedes? ¿No saben que hay toque de queda?

La voz del guardia daba miedo.

—Lo siento mucho —dijo mi padre, que parecía muy tranquilo—. Nos vamos a pasar unos días al campo y quería salir temprano. Por los chiquillos, sabe usted. Es que luego aprieta mucho el calor. Además, como casi ha amanecido ya …

Y era verdad, porque a los lejos ya se alcanzaba a ver los primeros albores del día.

El guardia lo miró pensativo. Luego nos miró a mi madre y a mí. Por último, se asomó a la tartana, donde mis dos hermanos dormían como benditos.

—Déjeme ver su documentación —dijo por fin.

Mi padre le entregó unos documentos y el guardia leyó su nombre en voz alta. El otro guardia bajó el fusil y se sacó unos papeles del bolsillo.

—No, no está en la lista —dijo al cabo de unos segundos.

—Ea, pueden seguir. Pero vayan con cuidado, que las aguas bajan revueltas.

---

1 **un casco** Hufeisen – 1 **un adoquín** Pflasterstein – 4 **sooo** grito para hacer mover a un burro o una mula – 5 **aferrarse** cogerse – 5 **una sombra** Schatten – 8 **un fusil** escopeta – 9 **un toque de queda** prohibición de ir por la calle, generalmente de noche – 15 **apretar el calor** hacer mucho calor – 17 **alcanzar a ver** poder ver – 17 **los primeros albores del día** los primeros rayos de sol – 19 **pensativo** con expresión de estar pensando – 21 *dormir* **como benditos** profundamente – 25 **un bolsillo** Tasche – 27 **ir con cuidado** tener cuidado – 27 **las aguas bajan revueltas** es herrscht Unruhe

Mi padre dijo «gracias y buenos días» y sacudió las riendas de la mula. Esperamos al menos cinco minutos antes de suspirar de alivio, pero yo creo que, así y todo, los guardias debieron de oírnos. Yo me quedé un buen rato pensando sobre

5 lo mucho que la vida puede cambiar en poco tiempo. ¿Quién iba a decirme a mí unos días antes que íbamos a tener motivos para temer a la Guardia Civil? De todas formas, la alegría de haber podido escapar hizo que mis preocupaciones quedaran pronto atrás, como atrás iba quedando nuestra ciudad, donde

10 el fantasma de la guerra empezaba a extenderse por todas partes como una enfermedad.

El sol había asomado por fin y bañaba los campos en reflejos dorados. Una suave brisa ondulaba las mieses, todavía a medio cosechar. El campo era el mismo de siempre, y la

15 luz del día calentaba con la misma fuerza. Me dije que nada había cambiado. «El mundo no se acaba de un día para otro —pensé—. Cuando volvamos a casa, esta pesadilla habrá terminado». En la ingenuidad de mis 12 años y medio, yo no podía saber que la pesadilla no había hecho más que empezar.

---

3 **un alivio** Erleichterung – 7 **de todas formas** auf jeden Fall – 10 **un fantasma** *ms* Gespenst – 10 **extenderse** ausbreiten – 13 **un reflejo** Widerschein – 13 **ondular** → onda – 13 **las mieses** *fpl* campos de cereales – 14 **a medio cosechar** que todavía no se ha terminado de cosechar – 14 **cosechar** recoger, recolectar los productos agrícolas – 15 **calentar** → caliente → calor – 17 **una pesadilla** mal sueño – 18 **la ingenuidad** inocencia

# 10

Casa Nueva (o simplemente La Aldea) era el nombre de una granja y unas tierras que mi padre y sus hermanos habían comprado algunos años atrás, cuando todavía tenían el almacén. Aunque estaba muy cerca de la ciudad, 5 aquella mañana la distancia nos pareció larguísima, como si hubiéramos recorrido más de mil kilómetros. Algo tendría que ver en ello la lentitud del viaje en la tartana. Pero creo que había algo más, porque sólo allí, en medio de la soledad y el silencio de los campos, era posible olvidarse del miedo 10 que habíamos pasado, de la guerra y de los militarones que la habían empezado. En realidad, aquellos días iban a ser la última tregua de verdad antes de que el horror nos cercara por completo.

Habían llegado ya casi todos mis tíos y mis primas. En total, 15 en la granja debía de haber más de 40 personas, muchas de ellas niños, con lo que la algarabía de voces infantiles era ensordecedora. «¡Maruja, Maruja!», gritaban mis primas al vernos llegar. Desde el día de mi primera comunión no recordaba ver tantos chiquillos juntos en La Aldea, y todos 20 tan felices como si nos hubiéramos reunido allí para celebrar una fiesta. Bien mirado, estábamos de vacaciones y aquélla era una ocasión estupenda para jugar y divertirse. Bajé de la tartana de un salto y repartí tantos besos que se me acabaron todos. Entonces me di cuenta de las caras serias de los 25 adultos, y supe que el miedo los había seguido hasta allí. Yo ya empezaba a ser mayor, y además estaba al tanto de lo de la sublevación. Pensé que quizá también yo debería mostrarme seria y preocupada, como mis tíos y tías. Pero entonces se me ocurrió que tener 12 años y medio era como estar en tierra

---

2 **una granja** casa de campo con animales – 10 **un militarón** *despect* militar – 12 **una tregua** periodo de tiempo en medio de una guerra armas en que no se usan las armas – 12 **cercar** rodear, envolver – 16 **una algarabía** ruido de voces y gritos de personas que hablan al mismo tiempo – 17 **ensordecedor** muy alto – 22 **estupendo** fantástico – 23 **de un salto** rápidamente – 26 **estar al tanto de** saber

de nadie, con un pie todavía en la infancia, y que muy bien podía elegir comportarme como una chiquilla. Y eso fue lo que hice, sumergirme otra vez en los juegos y las canciones de la infancia, volver a disfrutar con la comba, el corro y el tejo
5 y «al cruzar la barca» igual que mis primas pequeñas, quizá presintiendo que era mi última oportunidad de quedarme al margen de lo que iba a ocurrir.

Durante los días que pasamos allí abandoné mi costumbre de escuchar a escondidas, aunque los mayores se reunían
10 muchas veces: las mujeres para rezar el rosario y los hombres para comentar las pocas noticias que iban llegando de la capital. Pero yo preferí permanecer al margen y procuraba no enterarme de nada, ni siquiera por casualidad. La casa fue durante aquel tiempo una auténtica locura. El trabajo en el
15 campo se había interrumpido, porque los jornaleros, asustados por lo que ocurría, habían vuelto a sus pueblos a toda prisa. De todas maneras, había muchísimo que hacer. Era preciso alimentar a los animales de la granja y, además, cocinar para toda aquella tropa de parientes que se había reunido allí. Yo
20 ayudaba en todo lo que me decían, pero aprovechaba la menor oportunidad para escaparme e irme a jugar con mis primas, sin importarme que la mayor de ellas fuera casi tres años más joven que yo y que pudiera resultar un poco ridículo ver a aquella muchacha mayor saltando a la comba con un grupo de
25 chiquillas.

Supongo que fueron días felices, aunque en algún momento tuve que hacer un esfuerzo para seguir con aquel particular juego del escondite que había inventado para que el miedo no volviera a encontrarme. Pero por las noches era muy difícil
30 engañar al miedo. Con tanta gente en la granja habían tenido

1 **la infancia** etapa de la vida en que se es niño – 3 **sumergirse** sich in etw versinken – 4 *saltar a* **la comba** *Esp* Seilspringen – 4 **el corro** Reigen – 4 **el tejo** Klipperspiel – 5 «**al cruzar la barca**» inicio de una canción de un juego de comba – 6 **presentir** intuir, sospechar – 9 **a escondidas** sin ser visto – 13 **por casualidad** zufällig – 14 **ser una locura** uc muy confusa y complicada – 15 **un jornalero** trabajador del campo que cobra cada día – 17 **preciso** necesario – 19 **una tropa** grupo grande de gente (o de soldados) – 23 **resultar** ser – 28 **el juego del escondite** Versteckspiel – 30 **engañar** hacer creer uc que no es verdad

que tirar colchones hasta en el suelo de la cocina. Yo era una privilegiada por poder dormir en una de las camas, aunque es cierto que tenía que compartirla con tres de mis primas pequeñas. Nos hacían acostarnos temprano, pero pasábamos
5 mucho tiempo despiertas contándonos chistes y cuentos, y a veces nos reíamos estrepitosamente y entraba un mayor para decirnos que nos calláramos y nos durmiéramos de una vez. Al final, mis primas empezaban a dormirse una tras la otra, y yo era la única que quedaba despierta. Entonces, cuando
10 en la casa se hacía el silencio y las sombras empezaban a amontonarse dentro de la alcoba, era cuando el miedo ganaba de nuevo la partida, y yo lo notaba sobre mi estómago como una mano fría. «¿Qué va a ser de nosotros?». En ese momento tenía que abrazarme a mis primas para que el pánico no me
15 hiciera gritar. Y así me quedaba dormida, rodeada de niñas más pequeñas que yo, como si ellas fueran mi tabla de salvación para evitar hundirme en el naufragio que se avecinaba.

El jueves llegaron tantas noticias que no tuve más remedio que oírlas, por mucho que me hubiera propuesto permanecer
20 ajena a todo aquello. La principal novedad era que la capital estaba rodeada por tropas leales a la República, y se decía que los sublevados no podrían aguantar mucho tiempo. Yo me imaginaba que se estaría librando una tremenda batalla en las afueras, con trincheras y barricadas, igual que en las películas,
25 y que los rebeldes se estarían batiendo a la desesperada mientras las fuerzas leales avanzaban a cañonazo limpio.

---

1 **tirar** poner – 1 **un colchón** Matratze – 3 **compartir** usar con más gente – 5 **un cuento** historia para niños – 6 **estrepitoso** que causa mcho ruido – 7 **callarse** dejar de hablar – 11 **amontonarse** sich häufen – 11 **ganar la partida** vencer ≠ perder – 12 **de nuevo** otra vez – 14 **abrazarse a up** rodear con los brazos – 16 **la tabla de salvación** Rettungsbrett – 17 **hundirse** caer dentro del agua – 17 **un naufragio** cuando un barco se hunde – 17 **avecinarse** acercarse – 18 **no tener más remedio** no tener otra alternativa que – 19 **proponerse uc** tener la intención de hacer uc – 19 **permanecer ajeno** no tener relación – 22 **un sublevado** rebelde – 22 **aguantar** resistir – 23 **librar** *una batalla* tener lugar – 23 **tremendo** horrible – 23 **una batalla** lucha entre dos ejércitos (Schlacht) – 24 **una trinchera** Kampfgraben – 25 **baterse a la desesperada** luchar con desesperación – 26 **a cañonazo limpio** *loc* sin problemas

Al día siguiente supimos que habían sobrevolado la ciudad algunos aviones y que incluso se habían lanzado bombas, con lo que la batalla que yo veía en mi imaginación alcanzó proporciones tremendas. Cuando dijeron que los guardias
5 civiles sublevados estaban sitiados en su cuartel, nos imaginamos que era cuestión de horas que todo acabara. El sábado 25, día de Santiago, nos enteramos de que los rebeldes se habían rendido y el Gobierno había recuperado la capital.

Sentí un gran entusiasmo en ese momento, como si yo
10 misma hubiera participado en la lucha con un fusil al hombro. Qué curioso. Me había pasado varios días sin querer oír una palabra de todo aquello y ahora, de repente, me moría por volver para aplaudir a las tropas victoriosas que nos habían liberado la ciudad.

15 —¿Nos vamos a casa ya? —le pregunté entonces a mi padre.

Pero él me pidió paciencia con un gesto. Los demás habían abierto una botella de vino y celebraban la vuelta a la normalidad. Hasta las mujeres se habían sumado a la fiesta. Mi padre, en cambio, permanecía apartado y con la cara muy
20 seria.

—¿No está usted contento, padre?

Él me miró durante un largo rato, mientras los brindis se sucedían a nuestro alrededor. No dijo nada, pero en sus ojos vi una tristeza tan grande que mi entusiasmo se esfumó de
25 repente.

—Pues claro que estoy contento, Maruja —me contestó por fin.

Aunque yo sabía que mi padre nunca mentía, por una vez no creí lo que me dijo.

---

1 **sobrevolar** volar por encima – 2 **incluso** sogar – 3 **alcanzar** lograr o conseguir tener – 4 **tremendo** enorme, muy grande – 5 **estar sitiado** belagert sein – 5 **un cuartel** edificio del ejército – 6 **ser cuestión de horas** necesitar pocas horas – 7 **25 de julio** Namenstag des heiligen Jakob – 8 **recuperar** aquí: tener otra vez bajo su poder – 10 **el hombre** Schulter – 12 **morirse por** tener muchas ganas de – 13 **victorioso** → victoria – 17 **una vuelta** retorno – 18 **hasta** sogar – 18 **sumarse** a una fiesta participar – 19 **apartado** aquí: lejos de la gente – 22 **un brindis** ms acción de brindar – 23 **sucederse** ocurrir uno tras de otro – 24 **esfumarse** desaparecer

# 11

Regresamos al día siguiente. Ahora me da vergüenza reconocerlo, pero me sentí decepcionada al no encontrar en la ciudad los restos de la gran batalla que yo esperaba. Creía que todo iba a estar lleno de ruinas y humo. Sin embargo, las calles
5 que atravesamos parecían las mismas de siempre. Había, en cambio, algo que hacía aquel domingo distinto de cualquier otro: las iglesias estaban cerradas a cal y canto. Se veían, además, muchos soldados, y junto a ellos había otros hombres de paisano, aunque provistos también de cartucheras y
10 fusiles. Algunos iban vestidos con monos de trabajo y llevaban pañuelos rojos al cuello y gorros de soldado. Caminaban en grupo, pavoneándose como si fueran los dueños de la ciudad, o patrullaban las calles en coches y camionetas sobre los que habían pintado letreros con grandes letras blancas. Los
15 acompañaban algunas mujeres que iban vestidas y armadas igual que los hombres, y recuerdo que yo no podía dejar de mirarlas con asombro, pero también con un poco de envidia. Casi todos cantaban a gritos, con el puño en alto. «Son milicianos —me dijo mi padre—, no los mires». Pero a mí se
20 me iba la vista detrás de aquellos hombres y mujeres armados que habían entrado con los soldados de la República, y una vez hasta los saludé con la mano y les sonreí, porque pensaba que eran unos valientes y teníamos motivos para estarles agradecidos. Me dio mucha vergüenza cuando ellos también
25 sonrieron y me devolvieron el saludo con el puño en alto.

Encontramos nuestra casa igual que la habíamos dejado. Nada más entrar, corrí hacia la habitación del fondo para

---

2 **decepcionado** enttäuscht – 4 **el humo** Rauch – 5 **atravesar** cruzar, recorrer – 7 *cerrar*
**a cal y canto** por completo – 9 **de paisano** sin uniforme – 9 *estar* **provisto de** tener –
9 **una cartuchera** Patronentasche – 10 **un mono de trabajo** traje de pantalón y cuerpo
en una sola pieza que usan los obreros – 11 **un gorro** prenda que se pone en la cabeza –
12 **pavonearse** wie ein Pfau aufplustern – 13 **patrullar** Streife fahren – 14 **un letrero**
cartel – 17 **la envidia** querer tener lo que tienen los demás – 18 **en alto** levantado –
23 **valiente** que tiene valor, ≠ cobarde – 23 **estar agradecido** dar las gracias, agradecer

decirle a mi abuela María que no se preocupara, que todos habíamos vuelto sanos y salvos. Al abrir la puerta, brotó de dentro del cuarto un soplo frío que me hizo estremecerme de pies a cabeza. Serían las cuatro de la tarde, y en la calle brillaba
5 un sol de justicia, pero la habitación estaba en penumbra.

—¿Abuela? —pregunté cautelosamente.

—Pasa, querida, pasa. Estoy aquí.

Entré despacio, rodeándome el cuerpo con los brazos, porque me sentía aterida y temblaba de frío. Mi abuela María
10 estaba sentada en su butaca de siempre, junto a la ventana, aunque resultaba difícil distinguirla en aquella habitación tan oscura. Al acercarme la vi mucho más vieja que tan sólo unos días antes. Sus rasgos se habían afilado, su cabello blanco era más fino y escaso, y hasta me pareció que hubiera encogido un
15 poco. También noté otro cambio en ella, aunque entonces la diferencia era aún tan sutil que pensé que la había imaginado. Y es que, por un momento, me pareció que podía ver a través del cuerpo de mi abuela, como si se estuviera volviendo transparente.
20 —Ya se acabó todo —le dije. Y mis palabras salieron entre nubes de vapor—. La guerra. Ya se ha terminado.

Ella alargó una mano diminuta y blanca hacia mi mejilla sin llegar a tocarme.

—Cuánto me alegro, Maruja —dijo con esa voz remota que
25 ya le había oído antes—. ¿Estáis todos bien?

—Sí, abuela. No se preocupe usted, que ya no va a pasar nada.

—Muy bien, querida, muy bien. Ahora déjame. Hoy me encuentro muy cansada.

---

2 **sano y salvo** sin heridas – 2 **brotó un soplo frío** salió una corriente de aire frío – 3 **estremecerse** schaudern – 5 *un sol* **de justicia** muy fuerte – 5 **una penumbra** oscuridad – 6 **cautelosamente** con mucho cuidado – 9 **aterido** helado, paralizado por el frío – 11 **distinguir** ver bien – 13 **los rasgos** *de la cara* Gesichtszüge – 13 **afilarse** *la cara* adelgazarse – 14 **escaso** que hay poco – 14 **encoger** disminuir de tamaño – 21 **el vapor** agua a más de 100° – 22 **alargar** extender, acercar – 22 **la mejilla** Wange

Salí de aquel frío cuarto con la sensación de que algo terrible había empezado a ocurrir. Entonces, al cerrar la puerta, caí en la cuenta de otra cosa que antes me había pasado por alto: mi abuela había interrumpido su labor de ganchillo. Aquel detalle
5 sin importancia me entristeció más todavía, pues era como si la anciana se hubiera rendido ante todas las desgracias que se avecinaban. Reconozco que desde ese día fui a visitarla con menos frecuencia. Cada vez la habitación era más fría y oscura, y mi abuela más anciana, más pequeña y más tenue, como si
10 se estuviera apagando poco a poco.

Después de la «Semana Fascista», como luego llamarían a los días en que mandaron los sublevados, nuestra ciudad volvía a estar en zona republicana. Pero la guerra no se había terminado. Al contrario. Por las noticias que nos llegaban,
15 parecía que cada día era más violenta y más cruel. El general Franco les había pedido ayuda a los alemanes para cruzar el Estrecho con el ejército de África. Ahora, los soldados de Franco avanzaban a través de Andalucía y Extremadura sin que nadie pudiera contenerlos. Había, además, otro ejército
20 rebelde en el norte de España, el que mandaba el general Mola. Los alemanes (que ahora se llamaban «nazis») enviaban aviones de combate y tanques; desde Italia llegaban cada día más soldados. Pero nadie parecía dispuesto a ayudar a la pobre República. Con las pocas fuerzas leales que le habían quedado,
25 el Gobierno a duras penas podía contener a los rebeldes, ni siquiera con la ayuda de los milicianos. Según decía la prensa, los sublevados se llamaban a sí mismos «nacionales», como si los que no estuvieran de su parte no fueran auténticos españoles, y estaban empeñados en salvar la patria a toda

---

3 **pasarle a up uc por alto** no dar importancia a uc – 5 **entristecer** poner triste – 6 **una anciana** mujer vieja – 6 **una desgracia** Unglück – 7 **con menos frecuencia** no tan a menudo – 9 **tenue** débil, con poca fuerza – 10 **apagarse** *una persona* dejar de existir – 12 **mandar** tener el poder – 15 **cruel** grausam – 21 **General Emilio Mola Vidal** (1887–1937) militar español, dirigente de la sublevación militar de 1936 – 22 **de combate** de guerra – 25 **a duras penas** con gran dificultad – 26 **la prensa** los periódicos – 29 **salvar** retten – 29 **la patria** país, nación – 29 **a toda costa** a pesar de los obstáculos y dificultades

costa, aunque tuvieran que matar primero a todos los que defendían a la República.

En agosto llegaron noticias de que había caído Badajoz en manos de los nacionales, a quienes ahora en nuestro bando
5 se llamaba «facciosos», que todavía sonaba más feo que «fascistas». Por lo que se contaba, habían cometido auténticas atrocidades durante la toma de la ciudad, y sobre todo después, cuando muchas personas que les habían plantado cara fueron fusiladas. Pero a mi padre no era eso lo que más le preocupaba,
10 como supe un día que le oí discutir con el tío Arturo.

Apenas lo habíamos visto desde que lo soltaron, porque el tío era una personalidad destacada del Frente Popular y ahora, con todo lo que estaba pasando, tenía montones de cosas que hacer. Recuerdo que aquel día, en mi casa, lo vi muy cambiado.
15 En tan sólo unas semanas había adelgazado varios kilos. Pero no fue en su aspecto, sino en su forma de ser, donde noté los mayores cambios. Se movía muy deprisa, caminando de un lado a otro, y gesticulaba al hablar como nunca había hecho. Y también me fijé en que volvía la cabeza todo el tiempo, como
20 si temiera que fueran a atacarlo por la espalda. ¿De qué tenía miedo mi tío? Pensé que muy grave debía de ser la situación cuando hasta un hombre de su temple estaba tan asustado.

—Pero Eloy —le decía el tío Arturo a mi padre—, es lógico que haya detenciones. No se puede dejar en libertad a los
25 facciosos que apoyaron la sublevación. En cuanto a los desmanes de los milicianos, ¿qué quieres que te diga? Son tiempos revueltos. Es difícil controlar a los más radicales.

Algo sabía yo de lo que hablaban, pues desde que la República había recuperado la ciudad, también aquí se habían
30 cometido barbaridades. La primera semana, sobre todo, fue igual de mala que la «Semana Fascista», con la misma

---

4 **un bando** grupo de gente con la misma opinión – 6 **cometer** hacer – 7 **una atrocidad** uc terrible y cruel – 8 **plantar cara** oponer resistencia – 11 **soltar** dejar libre – 13 **un montón** *de cosas* muchas – 17 **deprisa** rápido – 19 **fijarse en** darse cuenta de, observar – 20 **atacar** agredir – 24 **una detención** → detener – 25 **apoyar** estar a favor de – 25 **en cuanto a** was … betrifft – 26 **un desmán** exceso, falta de control – 27 **revuelto** agitado

sensación de miedo y de peligro flotando en el aire. La entrada de las tropas republicanas había sido de una violencia horrible. Le habían disparado a todo el mundo que se les cruzó por la calle, sin importarles que fuera militar o civil, que estuviera
5 armado o que simplemente hubiera bajado a comprar el pan. Los peores habían sido los marineros de un barco de guerra llamado el *Jaime I* que fueron quienes asesinaron al señor que tenía la zapatería de la esquina de nuestra calle. Lo habían cosido a tiros en la puerta de la Telefónica, los muy bárbaros.
10 Después las cosas se calmaron, pero entonces empezaron las detenciones. Habían encarcelado a tanta gente que ahora casi todo el mundo tenía algún amigo o pariente en la cárcel. Por contar algún caso, se habían llevado al notario Torres, el padre de mis amigas. También me dijeron que su hijo Paquito
15 había tenido que huir a la zona nacional, porque tenía miedo de que lo fusilaran sin juicio, como les había pasado a otros falangistas. Se rumoreaba que, cada dos por tres, los milicianos se presentaban en la cárcel y sacaban a quienes les parecía bien para matarlos. Otros ni siquiera habían llegado a estar presos,
20 pues se los habían llevado de su casa para «darles el paseo». A mucha gente de dinero le habían quitado sus viviendas y sus negocios. Pero con quien la tenían tomada de verdad era con los curas y las monjas, que habían tenido que salir huyendo. En nuestra parroquia no había quedado ni una sola imagen
25 entera. Habían hecho una gran hoguera con los santos y los retablos, y habrían quemado también al párroco si lo hubieran encontrado por allí. En la vacía nave de la iglesia se guardaban ahora los camiones de la CNT. Después de todas aquellas atrocidades, los milicianos habían dejado de parecerme tan
30 valientes.

---

1 **flotando en el aire** que se puede sentir claramente – 5 **bajar a comprar** ir a comprar – 8 **coser a tiros** disparar muchos tiros – 9 **Telefónica** compañía de teléfonos – 11 **encarcelar** detener → cárcel – 13 **un caso** Fall – 16 **un juicio** proceso – 20 **dar el paseo** *hist* acción de llevarse a up por la fuerza y matarla sin juicio – 21 **de dinero** rico – 21 **una vivienda** casa – 22 **tenerla tomada con up** *aquí:* tener como víctimas preferidas – 25 **una hoguera** fuego – 26 **un retablo** Altaraufsatz – 27 **una nave** *de una iglesia* Schiff

—No era esto lo que queríamos, Arturo —le dijo mi padre al tío—. Los crímenes son crímenes, no importa quién los cometa. Y mientras tanto reina la anarquía. El Gobierno no gobierna, y las autoridades hacen la vista gorda ante tanto
5 disparate.

—Tiempo al tiempo, primo, tiempo al tiempo. El Gobierno está desbordado, pero cuando se pueda organizar la defensa, verás como las aguas vuelven a su cauce.

Pero mi padre no parecía convencido, como tampoco lo
10 estaba yo. ¿De qué nos servía estar en zona republicana si los nuestros hacían las mismas barbaridades que los facciosos? ¿Es que no éramos mejores que ellos?

Aquel año todavía hubo Feria en septiembre. Yo habría querido hacer como en los días que siguieron al comienzo de
15 la guerra, aislarme de todo e intentar olvidar que el mundo se estaba derrumbando a mi alrededor. Pero ya no era posible, porque todos estábamos ya girando dentro de aquel torbellino de horror. Las fiestas de aquel año 36 se llamaron «la Feria de la Libertad», y se organizaron docenas de desfiles y actos
20 de apoyo a la República, pero la gente tenía otras cosas en qué pensar y no estaba con ánimo para festejos. Las tropas facciosas avanzaban más y más cada día, como si la «España nacional» estuviera devorando a la nuestra. Y además el precio de las cosas subía sin parar. Mi madre se echaba las manos a
25 la cabeza cada vez que íbamos al mercado, porque el dinero cada vez valía menos y los alimentos escaseaban, incluso los más importantes, como el pan y las patatas. Algunos puestos

---

3 **reinar** herrschen – 4 **hacer la vista gorda** hacer (una autoridad)como si no viera uc que debería prohibir – 5 **un disparate** sinsentido, locura, barbaridad – 6 *dar* **tiempo al tiempo** esperar con calma que las cosas se solucionen – 7 *estar* **desbordado** überfordert – 7 **una defensa** Verteidigung – 8 **volver las aguas a su cauce** normalizarse una situación – 9 *estar* **convencido de uc** creer que es correcto – 15 **aislarse** separarse para estar solo – 16 **derrumbarse** caerse, destruirse – 17 **un torbellino** Wirbel – 20 **un apoyo** defensa → apoyar – 21 **no estar con ánimo de** no tener ganas – 22 **España nacional** territorios bajo el poder fascista – 23 **devorar** comer un animal a otro – 24 **echarse las manos a la cabeza** asombrarse o escandalizarse – 26 **escasear** haber poco – 27 **un puesto** tienda en un mercado

habían cerrado, y delante de otros empezaban a verse largas colas. Por suerte, nosotros teníamos familia en el campo que nos echaba una mano y en mi casa nunca nos faltó un plato que poner en la mesa. En muchos otros hogares, en cambio, estaban pasándolo muy mal.

Por esos días empezaron también los juicios de los tribunales populares, que al menos sirvieron para que los milicianos dejaran de tomarse la justicia por su mano. Pero muchas personas que nunca le habían hecho mal a nadie acabaron en la cárcel, y algunos delante del pelotón de fusilamiento. La amargura y el rencor crecían de día en día en el corazón de la gente. Con todo lo que estaba cayendo, no es extraño que aquel año nadie tuviera ganas de fiesta.

Lo que sí hacíamos era ir al cine cada vez más, como casi todo el mundo que podía permitírselo. Cuando la luz se apagaba y empezaban a proyectar la película, parecía que nuestros problemas se nos olvidaban un poco, como si las historias de la pantalla ocuparan de pronto el lugar de la realidad. A mis hermanos les gustaban mucho las películas de guerra, sobre todo una rusa que tuvo mucho éxito, *Chapaiev, el guerrillero rojo*. El tal Chapaiev se pasaba la película montado a caballo con su capa al viento, mientras acribillaba a tiros a no sé cuántos terratenientes y fascistas. Yo pensaba que ya teníamos bastante guerra con la nuestra, sin necesidad de que los rusos nos contaran también la suya, y no disfruté demasiado con aquella película. Además, hablaban en ruso todo el tiempo, y para enterarse de lo que decían había que

2 **una cola** personas que esperan uc una detrás de otra – 3 **echar una mano** ayudar – 4 **un hogar** casa – 5 **pasarlo mal** vivir con dificultades – 6 **un tribunal popular** Volksgericht – 8 **tomarse la justicia por su mano** castigar a up sin respetar la ley – 9 **acabaron en la cárcel** fueron a la cárcel – 10 **un pelotón de fusilamiento** Erschießungskommando – 11 **la amargura** tristeza, disgusto → amargo – 11 **el rencor** odio, no poder perdonar a quien te hizo mal – 12 **con todo lo que está cayendo** con todos los problemas y conflictos que hay – 16 **apagarse** cerrarse ≠ encenderse – 18 **de la pantalla** de cine – 18 **ocupar el lugar de** tomar el lugar de – 20 **Vasily Ivanovich Chapaiev** (1887–1919) héroe de la Guerra Civil Rusa (1917–1923) – 21 **el tal** dieser – 22 **una capa** Umhang – 22 **al viento** moviéndose con el viento – 23 **un terrateniente** propietario de grandes extensiones de tierra

leer unos letreritos que ponían debajo, lo que al cabo de un rato resultaba un tostón.

Mucho mejor me pareció *Morena Clara*, la última película de Imperio Argentina, con aquellas coplas tan preciosas de
5 *El día que nací yo* y *La falsa monea* que luego cantaba todo el mundo por la calle. Fue una lástima que la quitaran tan pronto de cartel, pero se empeñaron en decir que era una película fascista. Por aquellos días eso ocurría muchas veces. Si se quería quitar de en medio a cualquier cosa o persona, bastaba
10 con decir que era fascista: «Es fascista, fuera con ella». Así de fácil.

Aunque de todas las películas que vi, la que más me gustó fue una que pusieron en el Cervantes. Se titulaba *Tarzán de los monos* y ocurría en la jungla africana. Aquella película era tan
15 emocionante que mientras duraba se te olvidaban del todo las preocupaciones y los problemas. Por desgracia, no pude verla entera, porque mi madre y la tía Rosario empezaron a protestar y a decir que los artistas salían en cueros y que aquello era una vergüenza, y se empeñaron en que nos fuéramos cuando aún
20 no habíamos visto ni la mitad.

---

1 **un letrerito** *dim* → letrero – 2 **un tostón** uc aburrimiento ≠ diversión – 4 **Imperio Argentina** (1905–2003) actriz, cantante y bailarina hispanoargentina – 4 **una copla** canción folclórica española – 5 **monea** and moneda – 6 **quitar** *una película* **de cartel** dejar de proyectar – 9 **quitar de en medio** retirar – 9 **bastar** ser suficiente – 14 **un mono** Affe – 18 **salir** aparecer – 18 **en cueros** sin ropa – 18 **ser una vergüenza** eine Schande sein

# 12

Casi me muero del susto el día que apareció en casa mi tío Eliecer, ese hermano de mi padre que era sacerdote. Aunque el tío vivía en Cartagena, venía a vernos muy a menudo. Pero llevábamos ya semanas sin tener noticias suyas, y con todas
5 las atrocidades que se habían cometido los primeros días de la guerra podíamos imaginarnos lo peor. Mi padre había movido todas sus influencias para localizarlo, y nada, como si se lo hubiera tragado la tierra. Hasta que un buen día, cuando menos lo esperábamos, llamaron a la puerta y resultó que era
10 él. O, mejor dicho, no lo era.

Yo aún no había escarmentado después de lo que me pasó el día que vinieron a detener al tío Arturo, y fui sola a abrir la puerta. Y allí me encontré a un hombre alto y muy delgado que me miraba con cara triste. Iba vestido con un traje de pana y
15 una gorra, y llevaba en la mano una vieja maleta atada con cuerdas. El hombre se quedó allí plantado sin decir nada, y yo me asusté mucho porque pensé que sería un mendigo o un ladrón. Intenté cerrar la puerta a toda prisa, pero él me lo impidió sujetándola con la mano. «¡Mi padre está en casa!
20 —mentí—. ¡Váyase, que tenemos una escopeta!». Él me miró fijamente y me preparé para lo peor, cuando de pronto vi que se echaba a reír. «Pero Maruja —dijo—, ¿es que no me conoces? Si soy tu tío».

Yo nunca había visto a mi tío Eliecer sin su sotana y su
25 sombrero, y menos aún con barba de tres días. También mi padre se le quedó mirando boquiabierto cuando llegó, aunque enseguida lo reconoció y corrió a darle un abrazo.

---

1 **morirse del susto** tener una sorpresa muy grande – 7 **localizar** encontrar – 8 **tragarse la tierra a up** desaparecer sin dejar *huella* (Spuren) – 9 **resultó que** und nun – 11 **escarmentar** aprender de los propios errores – 14 **la pana** Cord – 15 **atada con cuerdas** mit einer Schnur zugebunden – 16 **plantado** de pie y sin moverse – 17 **un mendigo** up que pide dinero por la calle – 18 **un ladrón** up que roba – 19 **impedir** poner obstáculos para que no pase uc – 23 **si soy tu tío** ich bin es, dein Onkel – 24 **una sotana** vestido negro y largo que llevan los sacerdotes – 26 **boquiabierto** con la boca abierta por el asombro

El tío nos contó que en Cartagena se habían hecho también muchas barbaridades, y que él había tenido que esconderse en casa de unos feligreses por miedo a que se lo llevaran preso o lo fusilaran. «Pero no quería pasar más tiempo comprometiendo
5 a esa familia, así que cuando me pareció que las cosas se habían calmado un poco, pedí prestada esta ropa que llevo y tomé el tren para venir aquí con vosotros».

La cuestión era qué podíamos hacer con el tío, porque en nuestra ciudad, con sotana o sin sotana, lo iba a reconocer
10 mucha gente. Al final, mi padre decidió que lo mejor sería que no se dejara ver, y se le ocurrió que podíamos subirle una cama y unos muebles a la cámara para que estuviera allí escondido en espera de que todo se calmara.

En mi casa había un corral muy grande con una higuera en
15 el centro, y al otro lado estaba la escalera por la que se subía a la cámara, que quedaba aislada del resto de la casa. El lugar estaba lleno de trastos viejos y polvo, de modo que mi madre, la muchacha y yo tuvimos que emplear la tarde entera para adecentarlo un poco. Después mi padre y mi tío subieron una
20 cama, una mesa y un par de sillas. Y allí se quedó mi tío el cura, que vestido de paisano tenía la misma pinta que tiene todo el mundo.

Los primeros días no salía nunca de su escondite. Íbamos nosotros a verlo, a llevarle la comida y a hacerle un poco de
25 compañía. Después, cuando vio que pasaba el tiempo y nadie venía a llevárselo, el tío tomó más confianza y empezó a salir al corral para estirar las piernas y tomar un poco el aire. Por último perdió el miedo del todo, y subía a casa para comer con el resto de la familia. Y los domingos decía misa en el
30 comedor, de espaldas a nosotros. El aparador grande le servía

3 **un feligrés** up que pertenece a una iglesia determinada – 3 **llevarse a up preso** meter en la cárcel – 6 **pedir prestada uc** pedir que te dejen usar por un tiempo uc – 12 **una cámara** habitación donde se guardan los granos – 13 **en espera de** esperando – 14 **una higuera** Feigenbaum – 16 **aislado** separado – 17 **un trasto** objeto o mueble viejo, inútil o poco usado – 17 **el polvo** Staub – 18 **emplear** usar, utilizar – 19 **adecentar** limpiar y ordenar – 21 **de paisano** sin la ropa de sacerdote – 23 **un escondite** lugar para esconderse – 27 **estirar** *las piernas* ausstrecken – 29 **decir** *misa* celebrar – 30 **un aparador** mueble donde se guardan los platos, los vasos y los cubiertos

de altar, con un gran crucifijo que mi padre tenía escondido en un baúl y el mantel bordado del ajuar de mi madre. Mi hermano Gabriel aprendió a ayudar en la misa. Mi hermano Paco también quería hacer de monaguillo, pero mi padre no le dejó, porque dijo que era un crío malísimo y que más valía «no tentar al diablo».

Debió de correr pronto la voz de que teníamos al tío escondido, pues empezó a recibir visitas. Venían a verlo parientes y amigos de la juventud. Incluso empezaron a frecuentar la casa otros curas. O al menos yo creo que eran curas, aunque venían vestidos de paisano. Pero tenían un aire asustado que los delataba enseguida, y eso por no mencionar su forma de hablar o de moverse. Llegaban a reunirse hasta 10 curas de paisano en nuestra cámara, y allí se quedaban toda la tarde haciendo tertulia y bebiendo copitas de mistela. «Ay, Señor —decía mi madre cada vez más preocupada—, con tanto visiteo parece que hayamos puesto un casino para curas. Cualquier día aparecen los milicianos y nos dan un susto». Pero mi padre se reía de su miedo y le decía que no se preocupara.

---

2 **un baúl** Truhe – 2 **un mantel** tela que se pone en la mesa para comer – 2 **un ajuar** ropa y muebles que la mujer aporta al matrimonio – 4 **un monaguillo** niño que ayuda al cura en la misa – 5 **un crío** niño – 6 **tentar** provocar – 7 **correr la voz** extenderse la noticia – 9 **la juventud** etapa de la vida en que se es joven – 12 **delatar** descubrir uc que queremos ocultar – 12 **mencionar** hablar de – 15 **hacer tertulia** conversar, charlar – 15 **una copita** *dim* copa – 15 **la mistela** vino dulce – 17 **un visiteo** *despect* visita – 17 **poner** un negocio fundar, abrir

# 13

A mí me vino bien que el tío Eliecer estuviera en casa, porque ese curso ya no pude ir al colegio. Las monjas dominicas, como el resto de las congregaciones religiosas que había en la capital, salieron huyendo tan pronto como la ciudad volvió
5 a manos de la República, y mi colegio había sido confiscado por las autoridades. Al cabo de poco tiempo iban a darle un fin muy distinto del que había tenido hasta entonces, pero aquel mes de septiembre permanecía todavía cerrado y silencioso, quizá echando de menos a los cientos de chiquillas que lo
10 llenábamos de gritos y juegos durante el curso.

Al principio no sabían qué hacer conmigo, aunque pronto tomaron una decisión, porque yo al fin y al cabo era mayor y sabía todo lo que necesitaba saber una señorita: leer, escribir, un poco de bordado, las cuatro reglas y algo de cultura general.
15 Con el tiempo, podría aprender también corte y confección, pero de momento lo mejor era que me quedara para ayudar a mi madre y a la Anica, que era la muchacha que servía en mi casa. Además, el tío Eliecer se aburría en su escondite de la cámara y se ofreció para darme lección durante algún tiempo.
20 Así que todas las mañanas subía con él un par de horas para que me repasara la ortografía, la regla de tres y los ríos de España.

Mis hermanos también se habían quedado sin escuela: el dueño y director de su colegio era un señor muy de derechas
25 que había sido concejal con la CEDA y que ahora estaba en la cárcel esperando juicio. Ellos eran chicos, y además mucho más pequeños que yo, así que estaba fuera de discusión que perdieran el curso. Al final, se decidió que fueran a la academia

---

1 **venir uc bien a up** ser uc buena para up – 2 **un curso** año escolar – 6 **un fin** utilidad, uso – 9 **echar de menos** vermissen – 12 **al fin y al cabo** letzten Endes – 14 **un bordado** Stickerei – 14 **las cuatro reglas** sumar, restar, multiplicar y dividir – 15 **corte y confección** coser y hacer ropa – 17 **servir** → sirvienta – 18 **aburrirse** ≠ divertirse – 19 **dar lección** dar clase – 21 **la regla de tres** Dreisatz – 24 *ser* **de derechas** ≠ de izquierdas, ≠ socialista – 25 **un concejal** miembro del ayuntamiento – 28 **perder un curso** no poder aprobar por no haber ido a clase

de don Julián, un pariente lejano de mi madre casado con una prima segunda suya, la tía Remedios.

La tía Remedios era una mujer buenísima, casi una santa, y digo esto porque una mujer cualquiera no habría podido vivir
5 tantos años con aquel hombre. Cuando yo era pequeña y don Julián aparecía por mi casa, nunca quería salir a verlo, no fuera a darme un pescozón o un tirón de orejas sin ningún motivo, como era su costumbre. Mis hermanos le habían tomado un pánico cerval, y nada más oír en el vestíbulo su voz de ogro
10 de los cuentos corrían a esconderse en el extremo más lejano de la casa. Pero ahora nada podían hacer para escapar de él, porque iban a tenerlo nada menos que de maestro. Habían caído directamente en sus garras.

Paco lloraba como una criatura el primer día que fueron a
15 clase. «¡Noooooooo! —gritaba, cuando lo bajaban a la fuerza por la escalera—. ¡Yo no quiero iiiiiiiiir, que don Julián es un asesinoooooooooo!». Gabriel, en cambio, parecía más resignado con la desgracia que les había caído encima, como si la guerra no fuera ya bastante calamidad. Yo los miré marcharse
20 agarrados de la mano de la Anica, y reconozco que me dieron mucha lástima.

A partir de aquel día mis dos hermanos tenían siempre un aire algo mustio, y a mí se me encogía el corazón cuando los oía hablar de las perrerías que don Julián les hacía a ellos
25 y al resto de los desdichados alumnos de su academia. Me contaron que tenía reglas de varios tamaños para pegarles, que las más pequeñas, finas y de madera dura, servían para atizarles en la punta de los dedos o en la palma de la mano, y que las más grandes, del tamaño de tablones, las usaba para

---

6 **no fuera a darme** por si me daba – 7 **un pescozón** golpe que se da con la mano en la cabeza – 7 **un tirón** → tirar – 9 **cerval** horrible – 9 **un vestíbulo** entrada de una casa o edificio – 9 **un ogro** personaje de cuento que se come a los niños – 13 **una garra** mano de animal p ej de un oso – 15 **a la fuerza** contra los deseos de up – 17 **un asesino** criminal que mata a la gente – 18 **caerle a up una desgracia encima** ein Unglück erfahren – 19 **una calamidad** desgracia – 23 **mustio** melancólico, triste – 23 **encogérsele el corazón a up** loc sentir miedo – 24 **una perrería** acción de tratar mal a up – 25 **desdichado** desgraciado, que tiene mala suerte – 26 **una regla** Lineal – 26 **un tamaño** medida

pegarles en el culo cuando estaban de cara a la pared. Muchas veces, cuando las reglas no le parecían bastante, se quitaba la correa y azotaba a los niños con ella hasta que se le cansaba el brazo. También me contaron mis hermanos que don Julián se
5 enfadaba por cualquier cosa, y que entonces se le ponía la cara roja y les gritaba como si estuviera loco mientras los llenaba de perdigones de saliva. Por si fuera poco, aquel energúmeno parecía tener un sexto sentido para adivinar qué era lo que más avergonzaba a cada uno de los niños, y siempre lo usaba para
10 dejarlos en ridículo. Más te valía no ser tartamudo, ni gordo, ni bizco, porque antes o después don Julián iba a mofarse de tu defecto y a avergonzarte delante de los demás.

A mí todo aquello me ponía negra, y más de una vez hablé de ello con mi madre, porque a mi padre nunca me habría
15 atrevido a decírselo.

—Madre, ¿no ha visto usted el miedo que los chiquillos le tienen a ese señor? ¿Por qué no les buscan el padre y usted otro colegio?

Pero ella siempre me decía que don Julián era un buen
20 maestro, y que la disciplina era lo mejor para mis hermanos, sobre todo para Paco, que estaba hecho un trasto, y que mi padre había decidido llevarlos allí, y lo que decía él iba a misa y sanseacabó.

—Pero, madre —le contesté yo una vez, más que harta de
25 aquella cantinela—. Si nadie va a misa ya desde que empezó la guerra. Sólo nosotros, y eso porque tenemos al tío cura escondido en casa.

---

1 **el culo** Hintern – 1 **de cara a la pared** de pie, al lado de la pared y mirando hacia ella – 3 **una correra** cinturón – 3 **azotar** pegar – 7 **un perdigón de saliva** *coloq* Spucke – 7 **por si fuera poco** und wenn das nicht genüge – 7 **un energúmeno** monstruo, bestia – 8 **un sexto sentido** capacidad especial – 8 **adivinar** descubrir – 9 **avergonzar uc a up** sich schämen – 10 **dejar en ridículo** reírse de – 10 **un tartamudo** que no puede hablar con fluidez – 11 **un bizco** up con ojos que miran en direcciones diferentes – 11 **mofarse** reírse – 13 **poner negro** *loc* molestar mucho – 21 **estar hecho un trasto** *coloq* unartiges Kind – 23 **sanseacabó** basta – 25 **una cantinela** tema o palabras que se repiten a menudo

Ella puso los ojos en blanco y dijo: «Ave María purísima».
Después se santiguó muchas veces y me mandó a confesarme
con el tío Eliecer.

Mientras mis hermanos estaban en el colegio, yo me
5 quedaba en casa. Seguía dando un rato de lección con el tío,
pero pasaba casi todo el tiempo ayudando en la cocina o
jugando con la nena. A veces también me iba a la plaza con la
Anica. Eso nos llevaba mucho tiempo, porque cada día había
más puestos cerrados, y en los pocos que quedaban abiertos
10 las colas eran tan largas que podían durar horas. A la salida del
mercado solía haber gente ofreciendo pan, verduras o carne.
Venían de los pueblos y las aldeas de los alrededores, porque
sabían que podían hacer un buen negocio vendiendo en la
capital los alimentos que les sobraban. Pero si los guardias los
15 veían les confiscaban todo y se los llevaban detenidos. Por eso
tenían el género escondido en otro sitio, y te lo ofrecían con
mucho disimulo, como si en lugar de simple comida quisieran
venderte contrabando.

A veces, antes de volver a casa, nos íbamos a recoger a
20 Gabriel y a Paco a la salida del colegio.

La academia de don Julián estaba en el principal de una
casa muy vieja. En el bajo habían puesto la taquilla de una
compañía de autobuses que iban a los pueblos. El portal estaba
siempre abarrotado de gente con cestos y paquetes y, algunas
25 veces, había que pelearse con alguna señora que pensaba
que querías colarte cuando tú sólo querías entrar. Entonces
subíamos por una escalera muy empinada y oscura, y desde
los primeros peldaños ya se oía la voz de don Julián recitando

1 **poner los ojos en blanco** mostrar gran asombro o admiración – 1 **ave María purísima**
ach du liebe Güte! – 2 **santiguarse** hacer la señal de la cruz para mostrar escándalo o
asombro – 11 **soler + inf** hacer uc normalmente – 14 **sobrar** no necesitar – 16 **un género**
productos para vender – 16 **con disimulo** intentando no ser visto – 18 **el contrabando**
producto ilegal – 20 **a la salida del colegio** después de clase – 21 **un principal** primer
piso – 22 **un bajo** piso que está debajo del principal – 22 **una taquilla** donde se venden
los billetes de autobús – 23 **un portal** entrada principal de un edificio – 24 **abarrotado**
muy lleno – 24 **un cesto** Korb – 25 **pelearse con** discutir – 26 **colarse** en una cola pasar
por delante de los demás – 27 **empinado** steil – 28 **un peldaño** parte de una escalera
donde se pone el pie

los afluentes del Ebro o dictando un pasaje de *El Quijote*, aunque lo más frecuente era que lo oyéramos gritarle a alguna de las pobres criaturas que era un mequetrefe y un tonto de capirote, y que como volviera a equivocarse en una división le
5 iba a arrancar la piel a tiras y se iba a hacer con ella un par de botas. Llamábamos a la puerta muy flojito, y enseguida salía a abrirnos la tía Remedios, que era una mujer pequeña con aspecto triste y apocado.

Don Julián usaba su propia casa como escuela. En casi
10 todas las habitaciones había sillas y bancos en los que se amontonaban chicos de todas las edades, desde pequeñajos como mi hermano Paco hasta muchachos mayores que se preparaban para el examen de Reválida. Incluso el pasillo estaba ocupado por una hilera de pupitres, de modo que para
15 moverse por la casa había que caminar pegado a la pared. Don Julián tenía una tarima y una pizarra montada sobre un caballete, y transportaba ambas cosas de un sitio a otro según el grupo al que le tocara lección, ya que él era el único profesor que enseñaba en su academia. Recuerdo que, tan pronto como
20 nos abría la puerta, la tía Remedios se llevaba el dedo a los labios y nos conducía sigilosamente hasta la cocina, que era, junto con su dormitorio y el retrete, el único rincón de la casa que su marido no ocupaba para dar clase. Llegábamos hasta allí a través de un laberinto de bancos y chiquillos que olían
25 a sudor y ropa mal lavada, a lápices mordidos y bocadillos rancios, y nos encerrábamos dentro hasta que la clase

---

1 **un afluente** río que termina en otro río – 1 **un pasaje** fragmento – 1 **Don Quijote de la Mancha** obra maestra de la literatura española y universal escrita por Miguel de Cervantes Saavedra (1547–1616) – 3 **un mequetrefe** persona inútil – 3 **un tonto de capirote** muy idiota – 4 **equivocarse** cometer un error – 5 **arrancar** abziehen – 5 **una tira** Streifen – 6 **flojito** → flojo ≠ fuerte – 8 **apocado** kleinmütig – 11 **pequeñajo** pequeño – 13 **la Reválida** examen que se hacía al final del bachillerato – 14 **una hilera** conjunto de cosas puestas una detrás de otra – 14 **un pupitre** mesa para escribir – 16 **una tarima** Podium – 16 **montado** *aquí:* instalado, puesto – 17 **un caballete** Ständer, Gestell – 18 **tocar lección** tener clase – 20 **llevarse el dedo a los labios** poner el dedo delante de la boca – 21 **sigiloso** sin hacer ruido – 22 **el retrete** habitación para orinar – 22 **un rincón** esquina, lugar – 23 **ocupar** utilizar – 24 **oler a** → olor – 25 **el sudor** transpiración – 25 **mordido** roto con los dientes

acababa, siempre y cuando a don Julián no se le ocurriera castigar a alguno de mis hermanos, lo que podía suponer otra media hora de espera. A veces, en la cocina encontrábamos a algún chiquillo que lloriqueaba y nos miraba asustado. Y es
5 que, cuando su marido se ensañaba de forma especial con alguno de los alumnos, la tía Remedios se las arreglaba para arrancárselo de las garras y esconderlo en su refugio, donde calmaba a la pobre criatura con un pedazo de pan y un vaso de agua.
10 Por fin salían mis hermanos, y no era raro que la cara de pánico les durara hasta que ya llevábamos andado la mitad del camino a casa. Por las tardes yo los ayudaba a hacer los deberes, aunque ellos estaban siempre despistados, pues aprovechaban el rato de tranquilidad para imaginar venganzas
15 terribles contra don Julián. Lo malo es que mi hermano Paco estaba decidido a pasar a mayores. Me acuerdo de que una vez se le cayó al suelo una hoja suelta de su cuaderno de dictados. Él no se dio cuenta, pero al recogerla vi que era una carta dirigida a los «Señores de la CNT». Poco más o menos, decía
20 así: «Queridos milicianos, soy un faccioso malísimo, tengo a 20 curas escondidos en mi casa, y voy a escribirle a Franco para que venga a matarlos a todos ustedes. Reciban un afectuoso saludo de su seguro servidor …». La carta estaba firmada por don Julián con su nombre y apellidos, e incluía la dirección
25 completa de su casa.

---

2 **suponer** significar – 4 **lloriquear** → llorar – 5 **ensañarse** pegar a up con mucha furia y rabia – 7 **arrancar** separar totalmente y con violencia – 7 **un refugio** lugar para protegerse de uc – 8 **un pedazo** trozo – 13 **despistado** sin prestar atención – 14 **aprovechar** nutzen – 14 **una venganza** Rache – 16 **pasar a mayores** *aquí*: poner en práctica lo imaginado – 17 **suelto** separado del resto – 18 **recoger** coger del suelo – 22 **reciban un afectuoso saludo** mit freundlichen Grüßen – 23 **su seguro servidor** Ihr Ergebener – 23 **firmar** escribir el nombre y apellidos al final de una carta

# 14

Precisamente por aquellos días se hablaba mucho del general Franco, que ya no era general a secas, sino Generalísimo. Por lo que decían, los mandamases del ejército faccioso se habían reunido en Burgos y habían decidido nombrarlo jefe de todos
5 ellos, y de paso también de la «España Nacional», al menos mientras ganaban la guerra y llamaban otra vez al rey. Yo lo vi por primera vez en un noticiario del cine. Era un hombre bajito y con barriga. Estaba calvo y llevaba un bigotín que me pareció un poco ridículo. No tenía pinta de ser alguien muy
10 importante ni muy aguerrido, y cuando lo oímos hablar con esa vocecilla atiplada de cupletista casi nos morimos de la risa todos los del cine. En el noticiario lo comparaban con Hitler y con Mussolini, que eran los jefes de los nazis y de los fascistas italianos, pero a mí, por mucho que Franco se subiera al balcón
15 más alto de todos, por mucho que sacara barriga y saludara con el brazo en alto, aquel hombrecillo sólo me parecía un mal remedo de los otros dos. A quien sí debía de gustarles, en cambio, era a los curas, porque siempre se le veía rodeado de ellos, y no de curas normales, sino de arzobispos y cardenales.
20 Lo querían tanto que lo llevaban debajo de un palio, como al Papa en Roma, y Franco debió de creerse que era el Papa de verdad y que lo había enviado la Providencia, porque ahora, cada vez que hablaba de la guerra, ya no decía «la guerra» sin más, sino «nuestra gloriosa Cruzada Nacional». Eso le hacía a
25 todo el mundo mucha gracia en la zona republicana, pero a mí me parecía algo siniestro, porque nosotros no éramos paganos

---

2 **a secas** simplemente – 2 **generalísimo** rango militar de grado más alto y término con el que se nombraba a Franco – 3 **un mandamás** *coloq* up con mucho poder y autoridad – 4 **nombrar** *jefe* hacer – 5 **de paso** al mismo tiempo – 7 **un noticiario** programa de noticias – 8 **la barriga** Bauch – 8 **un bigotín** *dim bigote* (Schnurrbart) – 10 **aguerrido** valiente, guerrero, combativo – 11 **una vocecilla** *dim* voz – 11 **atiplado** agudo, en tono elevado – 11 **una cupletista** artista que canta canciones satíricas – 15 **sacar barriga** tirar la barriga hacia adelante – 17 **un remedo** imitación, copia – 19 **un arzobispo** Erzbischof – 20 **un palio** Baldachin – 22 **la Providencia** gobierno y cuidado que ejerce Dios sobre la creación – 24 **una cruzada** Kreuzzug – 26 **siniestro** perverso – 26 **un pagano** de religión no cristiana

ni infieles, sino gente normal y corriente, y aunque las iglesias estuviesen cerradas, seguíamos siendo igual de católicos, apostólicos y romanos que antes. Pero Franco erre que erre con su cruzada, y además tan convencido de ganar. Y es que,
5 según él, Dios estaba de su parte.

La verdad sea dicha, las cosas no nos iban muy bien a los que estábamos en el bando de la República. Franco seguía avanzando. Acababa de entrar en Toledo, donde había liberado a los rebeldes del Alcázar, que llevaban encerrados allí desde el
10 principio de la guerra. Como todo el mundo sabe, Toledo está cerquísima de Madrid, y se daba por sentado que no pasaría mucho tiempo antes de que cayera la capital. Después de eso ya podíamos ir preparándonos para lo peor. Y parecía cuestión de días, porque los dos ejércitos facciosos, el de Franco y el de
15 Mola, se preparaban para el ataque. No sé qué los entretuvo; quizá Franco estaba muy ocupado presidiendo desfiles y misas, pero lo cierto es que la ofensiva contra Madrid tardó aún unas semanas, y mientras dio tiempo para que ocurriera algo maravilloso.

20 Era un miércoles lluvioso del mes de octubre, y mi padre llegó a casa muy excitado. «Me han dicho que llegan hoy», decía una y otra vez. «Pero ¿quién llega hoy?», le preguntamos. Y él, en lugar de contestar, nos metió prisa para tomar el abrigo y el paraguas, porque quería que fuéramos con él a algún sitio.
25 Entonces nos hizo cruzar la ciudad hasta la estación, donde había ya mucha gente esperando y una banda de música tocando pasodobles bajo la lluvia. El ambiente era de fiesta, y es que, como entonces supimos, estaba a punto de llegar un tren lleno de voluntarios extranjeros que venían a España a
30 luchar por la República, y nuestra pequeña capital había sido

---

1 **un infiel** pagano – 2 **católico, apostólico y romano** adjetivos con los que se nombra a la Iglesia Católica – 3 **erre que erre** insistiendo sin parar – 6 **la verdad sea dicha** para ser sinceros – 11 **dar uc por sentada** creer que uc pasará con seguridad – 15 **un ataque** ≠ defensa → atacar – 15 **entretener** hacer perder tiempo – 16 **presidir** ocupar el puesto más importante en un acto – 17 **una ofensiva** ataque – 18 **dar tiempo** haber tiempo – 20 **lluvioso** de lluvia – 23 **meter prisa** pedir a up que se dé prisa

el sitio elegido para acuartelarlos y adiestrarlos antes de que salieran hacia el frente. «Es un honor para esta ciudad —nos dijo mi padre— poder ofrecerles hospitalidad a esos héroes».
Pero pasaba el tiempo y el tren no llegaba, y mis dos hermanos
5 se revolvían cansados y aburridos bajo el paraguas. Me dije que no pasaría mucho tiempo antes de que Paco empezara a dar la tabarra, cosa que efectivamente empezó a hacer enseguida. Por suerte, en esos momentos oímos el silbato de una locomotora. Y muy pronto, entre nubes de vapor, vítores y aplausos, entró
10 en la estación el convoy que transportaba a los quinientos primeros voluntarios de las Brigadas Internacionales.

La verdad es que los hombres que se bajaron del tren no tenían aspecto de héroes: más parecían vagabundos que soldados. Y recuerdo que los pobres no salían de su asombro
15 al encontrarse con aquel recibimiento tras varios días de viaje desde París. A lo mejor pensaron que la música y las ovaciones no eran por ellos, sino por alguien importante que había llegado en el mismo tren. Pero cuando vieron que la gente se acercaba y les daba la mano, que les llovían los
20 saludos y las palmadas en la espalda, se dieron cuenta de que verdaderamente nos alegrábamos de que hubieran venido.

Primero los hicieron formar en el descampado que había delante de la estación, donde un hombre pequeño que iba envuelto en un capote gris los arengó en francés. No
25 entendimos nada de lo que dijo, pero mi padre nos explicó que aquel hombre se llamaba Kleber y que era un famoso guerrillero comunista. El caso es que poco después los

---

1 **acuartelar** alojar, instalar – 1 **adiestrar** preparar – 2 **el frente** lugar donde luchan dos ejércitos – 2 **un honor** Ehre – 3 **la hospitalidad** tratar bien a los visitantes – 5 **revolverse** moverse de un lado a otro – 6 **dar la tabarra** molestar – 8 **un silbato** Pfeifen – 9 **un vítor** alegría con que se aplaude a up – 11 **las Brigadas Internacionales** unidades de voluntarios extranjeros que lucharon a favor de la II República – 13 **un vagabundo** up que vive en la calle – 14 **no salir del asombro** estar muy asombrado o sorprendido – 17 **una ovación** aplauso – 19 **llover** a up *los saludos* recibir muchos (saludos) – 20 **una palmada** golpe con la palma de la mano que expresa afecto – 22 **formar** ponerse una tropa de forma ordenada – 22 **un descampado** terreno sin casas – 24 **un capote** abrigo militar – 24 **arengar** pronunciar un discurso – 26 **Emilio Kléber** (1895–1954) militar y político comunista búlgaro

voluntarios formaron en dos filas y empezaron a desfilar hacia el parque, donde el Ayuntamiento había preparado un acto de bienvenida. Todos los que habíamos ido a esperarlos a la estación nos marchamos tras ellos, igual que hace la gente
5 en Semana Santa cuando desfila tras la carroza de la Virgen. Mientras caminábamos hacia el centro, yo pensaba que aquellos hombres tan desaliñados y ojerosos lo que querían de verdad era un catre para tumbarse y descansar; sin embargo, tan pronto como la banda empezó a tocar *La Internacional*
10 y vieron cómo la gente se congregaba en las aceras para vitorearlos y saludarlos con el puño en alto, debieron de animarse y empezaron a desfilar con mucho brío. Todavía tuvieron los pobres que aguantar media docena de discursos a pie firme antes de que los dejaran irse a dormir.

15 Habían habilitado para ellos el cuartel de la Guardia Civil, que estaba vacío desde la liberación de la ciudad. Pero muy pronto no fue suficiente, porque a aquellos quinientos brigadistas los siguieron muchos más. Aunque los primeros eran casi todos franceses, muy pronto empezaron a llegar de
20 otras muchas nacionalidades. Vinieron alemanes, austriacos, polacos, rusos, italianos, americanos, ingleses, canadienses, húngaros, checos y qué sé yo de cuántos países más. Nuestra pequeña capital, donde los únicos extranjeros que habíamos visto eran los artistas de los espectáculos de variedades, se
25 había convertido de la noche a la mañana en la ciudad más internacional de toda España.

Las autoridades no sabían dónde alojar a toda aquella multitud. Cuando todos los cuarteles estuvieron llenos, usaron las casas confiscadas a los que habían apoyado la rebelión, los
30 hoteles y los colegios, los conventos, las iglesias, la Cámara

1 **desfilar** → desfile – 5 **carroza** carruaje adornado – 7 **desaliñado** sucio, sin arreglar – 7 **ojeroso** con sombras oscuras bajo los ojos – 8 **un catre** cama – 9 **La Internacional** himno oficial de los trabajadores del mundo entero y de la mayoría de los partidos de izquierdas – 10 **congregarse** reunirse – 10 **una acera** lado de la calle para los peatones – 11 **vitorear** → vítor – 12 **animarse** ponerse alegre – 12 **con brío** con energía y decisión – 13 **a pie firme** de pie y sin moverse – 15 **habilitar** hacer que uc sirva para un fin determinado – 24 **de variedades** de teatro ligero – 27 **alojar** instalar – 30 **un convento** lugar donde viven las monjas

de Comercio, el Círculo Mercantil y hasta la plaza de toros. Y cuando la ciudad estaba ya a reventar, empezaron a llevarlos a los pueblos de los alrededores. Mi antiguo colegio era ahora un cuartel, y yo pensaba en esos lugares donde transcurrió buena parte de mi infancia: las clases, y la capilla, y la gran escalera de mármol, y todos los sitios donde antes resonaban las voces de las niñas y de las monjas, y que ahora se estremecerían bajo las botas de aquellos soldados llegados del mundo entero.

En nuestra misma calle había un cuartel de las Brigadas. Lo habían instalado en el caserón del notario, que había sido juzgado por un tribunal popular y estaba en la cárcel. De Paquito no se sabía nada, ni siquiera si estaba vivo o muerto. Mis amigas, las gemelas Torres, y su madre habían tenido que mudarse a casa de unos parientes que vivían en la otra punta de la ciudad, y ya nunca jugábamos juntas ni nos veíamos siquiera. Aunque, ahora que me acuerdo, un día me las encontré por la calle. Iban en compañía de su madre, y yo quise pararme para decirles que sentía mucho lo de su padre y preguntarles si sabían algo de Paquito. Ellas me vieron venir desde la distancia. Me miraban muy serias, pero no me sonreían ni hacían el menor gesto de reconocerme. Cuando estábamos a punto de cruzarnos, me paré en la acera y les dije «hola». Entonces fue cuando me vio su madre, y me miró como nadie me había mirado nunca. En sus ojos había miedo y odio a la vez, y yo me quedé paralizada, sin saber qué hacer o qué decir. «Vamos, niñas, que se nos hace tarde», dijo su madre con una voz muy fría. Y mis dos amigas de la infancia pasaron por delante de mí como si yo fuera una perfecta desconocida.

Por supuesto que el desprecio de mis amigas me entristeció, pero la emoción de aquellos días era tan grande que no pensé en lo que de verdad significaba hasta mucho después. La población ya no parecía la misma. Era como si por arte de

---

1 **el Círculo Mercantil** Handelskreis – 2 **a reventar** completamente lleno – 6 **resonar** widerhallen – 10 **juzgar** procesar – 14 **mudarse** cambiarse de casa – 15 **una punta** extremo, lado – 20 **desde la distancia** desde lejos – 32 **por arte de magia** por medios extraordinarios, ocultos

magia hubiera surgido una gran ciudad en el mismo lugar donde antes estaba nuestra aletargada capital de provincias. Los brigadistas estaban en todas partes. Recuerdo que al principio nos resultaba muy extraño cruzarnos por la calle con
5 aquellos hombretones, algunos tan altos y rubios como artistas de cine. Una algarabía de voces extranjeras inundaba las calles día y noche, los bares estaban siempre repletos, y supongo que también las tabernas de mal tono del barrio chino, aunque a las señoritas como yo se nos advertía que jamás pasáramos
10 por esos sitios. Las mujeres jóvenes apenas podían salir solas, porque los brigadistas les gritaban piropos y requiebros y, aunque no se les entendía, la cosa a menudo acababa en reyertas con novios, padres y maridos. Antes de la guerra era de lo más normal que los niños bajáramos a jugar solos a la
15 calle, pero ahora ya no nos dejaban, porque cualquiera sabía qué clase de gente podía pasar por allí.

Había desconfianza, sí, pero también un sentimiento de gratitud inmenso hacia aquellos miles de hombres que lo habían dejado todo en sus países para venir a luchar en
20 una guerra que les era ajena. La ciudad sufrió una fiebre de optimismo, porque ahora estábamos convencidos de que si voluntarios de tantas naciones venían a ayudarnos, los facciosos no podían ganar. La Unión Soviética empezó a enviar tanques y aviones. En los cines ponían películas de la
25 revolución rusa, y todos teníamos la sensación de que lo que estábamos viviendo era también una revolución. Ahora nos saludábamos con el puño en alto, y en lugar de decir «adiós», decíamos «salud».

Recuerdo que una mañana fuimos con mi padre a tomar un
30 refresco en la cafetería del Gran Hotel. Al salir, vimos a unos señores de uniforme sentados en una mesa, y nos dimos

---

1 **surgir** aparecer − 2 **aletargado** paralizado, dormido − 3 **un brigadista** *ms* up de la Brigadas Internacionales − 5 **un hombretón** hombre alto y fuerte − 6 **inundar** llenar − 7 **repleto** lleno − 9 **advertir** aconsejar − 11 **un piropo** palabras bonitas que una persona dice a otra − 11 **un requiebro** piropo, cumplido − 15 **cualquiera** quién − 17 **la desconfianza** ≠ confianza − 18 **la gratitud** → gracias − 20 **ajeno** de otra persona

cuenta de que mi padre los saludaba quitándose el sombrero. Uno de ellos, un hombre de pelo blanco muy corpulento, le devolvió el saludo llevándose la mano al borde de su boina. «Ése era Marty —nos explicó mi padre al salir—, el jefe de las
5 Brigadas. Los otros eran Gallo, Kleber, Luckas y el comandante Vidal. No os olvidéis de sus caras, porque esos hombres van a hacer historia». Han pasado muchos años desde entonces, pero parece que todavía puedo verlos allí sentados bebiendo café y hablando en idiomas que yo no comprendía. Algunos
10 de ellos murieron en España y otros siguieron luchando en otras guerras que tampoco eran la suya, aunque quizá para los hombres como ellos todas las guerras eran la suya. Tal como mi padre me pidió, yo nunca he olvidado sus caras.

Apenas había pasado un mes desde la llegada de los
15 primeros brigadistas cuando empezaron a llevárselos al frente de Madrid. Por entonces todos estábamos seguros de que la capital iba a caer, empezando por Azaña, Largo Caballero y los ministros, que habían decidido hacer las maletas y marcharse a Valencia con el Gobierno a otra parte. A mi padre aquello le
20 pareció muy mal, y así se lo dijo al tío Arturo un día que vino a casa:

—Pero Eloy —dijo él, justificando como siempre las decisiones del Gobierno—, es normal que se trasladen a un lugar más seguro. Así la gente se dará cuenta de que la
25 República sigue en pie aunque Madrid caiga, porque donde esté el presidente y su Gobierno, allí estará la capital de la República.

Pero mi padre no estaba demasiado convencido, y le dijo al tío que seguía sin parecerle bien que nuestros gobernantes, en
30 lugar de dar ejemplo, salieran corriendo cuando mucha gente

---

2 **corpulento** alto y fuerte – 3 **una boina** Baskenmütze – 4 **André Marty** (1886–1956) militar y político francés, dirigente del Partido Comunista Francés. – 5 **Luigi Longo** (1900–1980) conocido como Gallo, político italiano, secretario general del Partido Comunista Italiano de 1964 a 1972. – 5 **Máté Zalka** (1896–1937) escritor y revolucionario húngaro, conocido durante la guerra como General Paul Lukács – 17 **Francisco Largo Caballero** (1869–1946) Ministro de Trabajo (1931–1933) y Presidente del Gobierno (1936–1937) durante la II República – 22 **justificar** defender – 25 **en pie** sin ser eliminado o derribado

iba a quedarse a defender la capital a costa de lo que hiciera falta.

Y era cierto. Se contaba que en Madrid no había ya un solo político ni alto cargo. Atrás había quedado el general Miaja,
5 con muy pocos soldados que ni siquiera estaban bien armados. Pero los acompañaban muchísimos milicianos del Ejército Popular, y también gente normal y corriente que no se lo había pensado dos veces antes de empuñar un fusil y marcharse a las trincheras de la Casa de Campo y de la Ciudad Universitaria.
10 Yo no creo que aquellas personas estuvieran luchando por la República. Más bien pienso que luchaban por sus propias vidas, porque sabían que si los facciosos entraban en Madrid, no iban a dejar títere con cabeza.

El día que los brigadistas iban a salir hacia el frente, vino
15 Dolores *La Pasionaria* desde la capital para darles ánimos. El acto fue por la tarde, en el parque, y mi padre nos llevó para que oyéramos hablar a aquella mujer tan famosa. La brigada (nos dijeron que era la número 11, aunque nunca supimos qué había sido de las otras 10) estaba formada al completo
20 ante la tribuna. Ahora ya no tenían ese aspecto soñoliento y desastrado del primer día. Iban uniformados, estaban alerta y parecían soldados de verdad. La Pasionaria, en cambio, no daba la impresión de ser una dirigente comunista. Dolores era una mujer de mediana edad vestida de luto, y a mí me
25 recordó a mi tía Rosario. Mi padre me había dicho que había sufrido mucho de joven, y la verdad es que su rostro tenía una expresión muy triste. Pero cuando empezó a hablar, nos dimos cuenta de que aquélla no era una mujer común, porque parecía que tuviera fuego en la voz. La Pasionaria habló de
30 los facciosos que querían convertir a España en una cárcel, y

---

1 **a costa de** pagando el precio – 4 **un alto cargo** up que ocupa una posición importante –
4 **José Miaja Menant** (1878–1958) persona clave en la defensa de Madrid en 1936 –
8 **empuñar** *un arma* coger – 9 **la Casa de Campo** parque de Madrid – 13 **no dejar títere
con cabeza** matar a todos – 15 **dar ánimos** dar energía moral o confianza – 20 **soñoliento**
con sueño – 21 **desastrado** sucio y descuidado – 21 **estar alerta** estar atento – 23 **una
dirigente** líder – 24 **de mediana edad** ni joven ni viejo – 24 **de luto** de negro en señal de
dolor por la muerte de up – 26 **un rostro** cara

dijo que había que pararlos a toda costa, aunque hubiera que sacrificar la propia vida, porque era preferible morir de pie que vivir de rodillas. Luego agradeció a los voluntarios de las Brigadas que hubieran venido a ayudarnos, y les prometió que 5 su lucha no sería en vano, porque España era sólo la primera batalla, y si el fascismo era derrotado aquí, también lo sería en sus países de origen. Por último, exclamó: «¡No pasarán!», y todos coreamos su grito con mucho entusiasmo.

Después subió a la tribuna un hombre que había venido 10 de Madrid con La Pasionaria, otro comunista que se llamaba Rafael Alberti. Mi padre me dijo que era un poeta muy famoso, aunque yo nunca había oído hablar de él, porque los únicos poemas que leíamos en el colegio eran sobre el Niño Jesús y la Virgen María. El señor Alberti pronunció unas palabras 15 de agradecimiento y les deseó a los brigadistas suerte en el combate. Luego les leyó unos versos que había escrito para ellos. Los internacionales no entendieron una palabra y se miraban unos a otros como aguantando la risa, pero a mí me pareció un poema precioso, tanto que aún me acuerdo de 20 cómo empezaba. Decía así:

*Venís desde muy lejos… Mas esa lejanía*
*¿qué es para vuestra sangre que canta sin fronteras?*

Después hablaba mucho de la muerte, pero no por eso me pareció un poema triste. Y mientras Alberti lo recitaba, a 25 todos empezó a latirnos el corazón muy, muy deprisa, como si siguiera el ritmo de aquellos versos que resonaban como un tambor en un campo de batalla.

Aplaudimos hasta que nos escocieron las manos y levantamos el puño para cantar La Internacional, también 30 mis hermanos y yo, que ya nos la habíamos aprendido a fuerza de oírla tantísimas veces, aunque seguíamos sin saber

---

1 **a toda costa** a cualquier precio – 3 **de rodillas** knieend – 5 **en vano** inútil – 6 **derrotar** vencer – 11 **Rafael Alberti Merello** (1902–1999) escritor y poeta español – 15 **agradecimiento** → agradecer → gracias – 18 **aguantar la risa** intentar no reír – 21 **la lejanía** → lejos – 22 **una frontera** línea que divide dos países – 25 **latir** *el corazón* moverse – 27 **un tambor** Trommel – 28 **escocer** doler – 30 **a fuerza de** a través de

lo que significaba todo aquello de los «parias de la Tierra» y la «famélica legión». Los brigadistas cantaron cada uno en su propio idioma y se organizó un pequeño barullo con la letra, pero no importaba. Poco después desfilaron hacia la estación para tomar el tren que iba a llevarlos al frente, mientras la gente los ovacionaba desde las aceras y los balcones. Kleber iba con ellos y todos parecían muy contentos de marchar a la batalla. Pobrecillos. ¿Qué podían saber ellos del horror que les esperaba en Madrid?

La batalla por la conquista de la capital se estuvo librando durante dos meses, y en ese tiempo los nacionales y sus amigos italianos y alemanes atacaron Madrid con todas las bombas, tanques y aviones que tenían. Pero, tal y como nos había prometido La Pasionaria, no lograron pasar.

La alegría en la zona republicana fue inmensa, porque hasta ese momento habíamos pensado que sólo era cuestión de tiempo que se perdiera la guerra, y ahora veíamos que existía una posibilidad de parar a los facciosos. Quizá para despertarnos de nuestro sueño, poco después ellos tomaron la ciudad de Málaga, y los aviadores italianos se divirtieron ametrallando desde el aire a los que huían.

Creo que fue por los días de la batalla de Madrid cuando fusilaron a José Antonio Primo de Rivera. Mi padre nunca había dicho nada bueno sobre el jefe de la Falange, que estaba preso en Alicante desde antes de que empezara la guerra. Las pocas veces que hablaba de él lo llamaba siempre «el señoritingo» o «el hijo del dictador», y ya mencioné cuánto despreciaba al partido que aquel hombre había fundado y todo lo que significaba. Sin embargo, cuando mataron a José Antonio mi padre no se alegró en absoluto. Dijo que había sido algo infame y ruin, y que muchos iban a tener que pagar

2 **famélico** que tiene mucha hambre – 3 **un barullo** caos, lío – 6 **ovacionar** aplaudir – 8 **pobrecillo** *dim* pobre – 10 **librar** *una batalla* realizar – 14 **lograr** *un objetivo* conseguir – 20 **un aviador** piloto de avión – 21 **ametrallar** mit Machinengewehrfeuer beschießen – 24 **Falange Española** partido político español de la derecha radical, de ideología fascista – 27 **un señoritingo** *despect aquí:* hijo de papá – 28 **despreciar** → desprecio – 28 **fundar** *un partido* crear – 30 **en absoluto** nada – 31 **infame** innoble, falto de honra – 31 **ruin** despreciable, miserable

por aquella muerte absurda. «Ahora Franco ya no tiene quien le haga sombra —le dijo al tío Arturo—. Debe de estar dando saltos de alegría».

Mis hermanos y yo, en cambio, no entendíamos qué importancia tenía que hubieran fusilado a José Antonio. A fin de cuentas, en el frente morían hombres todos los días. Sin contar con que para nosotros todas esas muertes no eran del todo reales, pues siempre ocurrían en otro sitio. Recuerdo que asistíamos a los vaivenes de la guerra divertidos y emocionados, como si todo aquello fuera un juego. Oíamos hablar a los mayores, y luego abríamos el atlas de mi padre y deslizábamos el dedo sobre los nombres de los lugares donde habían tenido lugar las últimas batallas: el cauce del río Jarama, el pueblo de Brunete, la ciudad de Guadalajara… Era escalofriante comprobar lo cerca que estaban ocurriendo esas cosas. A unos pocos cientos de kilómetros de nosotros, tronaban los fusiles y las ametralladoras, y los aviones dejaban caer su carga de muerte sobre ciudades que eran como la nuestra. Pero nosotros nos considerábamos a salvo, porque ya habían pasado muchos meses desde la «Semana Fascista» y se nos había olvidado el miedo de entonces. Vivíamos convencidos de que esas calamidades no podían ocurrir en nuestra ciudad. Pronto pudimos comprobar que nadie estaba a salvo por aquellos días.

2 **hacer sombra a up** hacer que up parezca menos importante – 2 **dar saltos de alegría** estar contentísimo – 5 **a fin de cuentas** letzten Endes – 9 **un vaivén** movimiento hacia adelante y hacia atrás – 12 **deslizar** gleiten lassen – 13 **un cauce** parte del suelo por donde corre un río – 15 **escalofriante** que da miedo – 17 **tronar** hacer mucho ruido – 18 **carga de muerte** *aquí:* munición – 19 **a salvo** ≠ en peligro

# 15

El primer bombardeo lo sufrimos al poco de acabar las Navidades, que ni fueron Navidades ni nada. Mi madre me había mandado al mercado acompañando a la Anica, la muchacha. Teníamos que estar allí desde muy temprano, pues
5  enseguida se acababa lo poco que había y las colas eran ya tan largas que salían del mercado y cruzaban la plaza Mayor. Desde hacía unos días venían guardias para poner orden. Y es que, después de varias horas esperando turno para comprar, las mujeres se ponían nerviosas y empezaban a pelearse
10  entre ellas. Que si «no, señora, a mí no me ha pedido usted la vez», que si «vaya una fresca, ¿pues no se quiere colar?», que si «fresca lo será usted, que una tiene muchísima vergüenza». En fin, lo de siempre, pero mucho peor por miedo a tener que volver a casa con la cesta vacía. El caso es que allí estábamos la
15  Anica y yo, ya ni se sabe cuánto tiempo. Nos faltaba muy poco para llegar al puesto del pescado, cuando de pronto aparece un policía y nos dice a todas que salgamos pitando, porque hay una alarma aérea. Y la Anica, ni corta ni perezosa, le suelta que no señor, que servidora llevaba allí media mañana
20  esperando en la cola, y que no se iba aunque se presentara el mismísimo Franco montado en el caballo blanco de Santiago y con toda la guardia mora detrás. El guardia la miró como si no creyera lo que estaba oyendo, y por fin le dijo a voz en grito: «¡Que van a bombardearnos, buena mujer, que se vaya
25  usted a buscar refugio!». Entonces ella se asustó mucho y dio un chillido, y después me tomó de la mano y salimos las dos corriendo del mercado en medio de una estampida de mujeres

---

8 **esperar turno** hacer cola – 10 **pedir la vez** preguntar quién es el último de la cola – 11 **vaya una fresca** *aquí:* das ist ja eine Frechheit! – 12 **fresco** *aquí:* unverschämt – 17 **pitando** deprisa – 18 **ni corto ni perezoso** sin pensarlo dos veces – 19 **soltar** decir, responder – 19 **servidora** meine Wenigkeit – 21 **montado** encima – 22 **una guardia** grupo de soldados encargado de proteger a up – 22 **moro** del norte de África – 23 **a voz en grito** gritando – 26 **un chillido** grito agudo – 27 **una estampida** muchas personas salen a la vez huyendo de un lugar

con delantales y cestas bajo el brazo. «¡Ay, Virgencita mía del Carmen! ¿Y dónde vamos a meternos?», iba diciendo la Anica, porque ya se oían los motores de los aviones que se acercaban. Corrimos de un lado a otro buscando el refugio de un portal
5 abierto, corrimos como un par de locas, pero parecía que todo el mundo hubiera cerrado a cal y canto sus puertas para no dejarnos entrar. Además, yo no sabía si escondernos en un portal sería suficiente. Nunca había sufrido un bombardeo aéreo, pero me imaginaba que aquello debía de ser algo peor
10 que un chaparrón veraniego. Mientras, el rumor de los aviones se había convertido ya en un ruido como de truenos. «¡A casa!», —dije entonces—. «¡Vámonos a casa!».

El mercado no estaba lejos de mi casa, cinco minutos a buen paso, pero la Anica y yo llegamos en menos de tres, y eso
15 que yo tenía que ir tirando de ella, porque a la pobre parecía que el miedo le hubiera paralizado las piernas. Mientras tanto, habían empezado a oírse las primeras explosiones a lo lejos. Primero sonaba una especie de silbido que se hacía cada vez más estridente, y luego el estampido de la bomba al
20 explotar. Cuando ocurría esto, la Anica chillaba muy fuerte, y yo empezaba a temer que fuera a desmayarse y tuviera que quedarme con ella allí, en medio de la calle desierta, mientras los aviones soltaban sus bombas sobre nosotras. Pero al fin llegamos a mi casa, y por suerte el portal estaba abierto. Nada
25 más entrar, mi madre apareció por la puerta del piso de abajo, que estaba alquilado a un comisario de policía. El comisario no estaba, como tampoco estaba mi padre, pero su mujer había subido cuando se oyeron los primeros aviones para decirle a mi familia que se podían refugiar en su casa, porque
30 era más seguro estar en un piso bajo que en un principal. De

---

1 **un delantal** prenda de ropa que sirve para proteger la falda o el vestido – 1 **Virgencita mía del Carmen** Virgen santísima – 10 **un chaparrón** lluvia intensa que dura poco – 10 **veraniego** de verano – 10 **un rumor** ruido sordo, vago y continuado – 11 **un trueno** Donner – 13 **a buen paso** caminando deprisa – 18 **un silbido** Pfeifen – 19 **estridente** durchdringend – 19 **un estampido** ruido fuerte y seco – 20 **chillar** dar chillidos – 21 **desmayarse** perder el conocimiento – 22 **desierto** sin nadie – 23 **soltar** tirar, lanzar – 29 **refugiar** buscar refugio

modo que nos escondimos todos con la mujer del comisario
y con su hija: mi madre y mis dos hermanos, que por suerte
no habían tenido clase al ser sábado; mi hermana Angelita y
su niñera María Luisa, la Anica y yo. Nos encerramos todos en
5  un cuarto de baño que había al final de la casa, no sé muy bien
por qué, quizá por si alguno de los chiquillos tenía que usarlo,
o puede que pensaran que, al ser una habitación interior,
sería más segura que las que daban a la calle. El caso es que
allí estábamos los nueve, apretados como sardinas en lata,
10 sentados sobre el suelo con la espalda apoyada en la pared.
Nadie hablaba, pero se oía a las mujeres susurrar oraciones
por lo bajo, hasta que mi madre se sacó un rosario del bolsillo
del delantal y empezó a rezarlo para que todos nos uniéramos.
Eso nos ayudó mucho, pues recitar una avemaría tras otra
15 hacía que la cabeza se quedara en blanco y no pensáramos
más en las bombas. Yo estaba sentada entre mis dos hermanos.
Gabriel parecía tranquilo, como siempre, pero Paco temblaba
como si tuviera una tiritona de fiebre. La nena, en brazos de
María Luisa, se reía mucho, porque debía de parecerle muy
20 divertido estar con tanta gente en aquel retrete, y a lo mejor
pensaba que jugábamos al escondite. Hacía palmitas y quería
bajarse para venir a jugar conmigo, pero yo no tenía ánimos
para sostenerla y me quedé allí acurrucada tapándome los
oídos con las palmas de las manos, porque no quería oír el
25 ruido de los aviones, que se acercaba más cada segundo. En
ese momento hubo un estampido tremendo y la casa se llenó
con un estrépito de cristales rotos. La nena empezó a llorar, las
mujeres también lloraban, y mi madre siguió rezando el rosario,
elevando mucho la voz para cubrir el fragor de los motores.
30 Mis hermanos se habían apretado tanto contra mí que casi

no me dejaban respirar. Noté que Paco tenía los pantalones
húmedos, y me imaginé que el pobrecillo estaría avergonzado.
Así estuvimos otra media hora, sin atrevernos a salir de allí,
hasta que por fin el ruido de los motores se apagó del todo y
5 nos pareció que no iban a hacer más pasadas. «Gracias a Dios,
gracias a Dios», decía mi madre. Todas las ventanas que daban
a la calle habían reventado. Al subir a casa, encontramos el
suelo del comedor sembrado de trozos de vidrio.
　　Mi padre llegó poco después hecho un manojo de nervios.
10 El bombardeo lo había sorprendido mientras venía hacia
casa y no tuvo más remedio que refugiarse en el sótano de
la tienda de un cliente. Nos dio muchos besos y nos dijo que
lo había pasado muy mal temiendo que algo nos hubiera
ocurrido. Después nos contó que al final de la calle había caído
15 una bomba, que una casa estaba hecha escombros y que los
edificios más cercanos habían quedado muy dañados. Ésa
era la explosión que había hecho saltar los cristales de toda la
calle.
　　Al día siguiente supimos por el periódico que en realidad el
20 bombardeo había sido muy pequeño, que tan sólo tres aviones
habían participado en él y que los muertos no llegaban a
una docena. Apenas había 30 heridos. En fin, una tontería de
bombardeo que casi no había asustado a nadie, un fracaso
para los fascistas y una nueva demostración de heroísmo de
25 la población civil. Eso decía el periódico. Pero yo pensaba en
esas muertes absurdas, en el miedo de mis hermanos, en mi
propio miedo mientras corría por la calle. Todas esas cosas
eran tan reales como el dolor que debían de estar sufriendo los
amigos y familiares de los muertos, por no hablar de los caídos
30 en el frente, que ya eran innumerables, o de los fusilados, o

---

2 **estar avergonzado** einem etw peinlich sein – 5 **una pasada** → pasar – 7 **reventarse**
romperse – 8 **sembrado** lleno – 8 **un vidrio** cristal – 9 *estar* **hecho un manojo de nervios**
muy nervioso – 11 **no tener más remedio** no tener otra opción – 11 **un sótano** piso
subterráneo de una casa – 16 **dañado** roto – 17 **hacer saltar** romper – 21 **no llegaban a**
**una docena** eran menos de doce – 22 **apenas** knapp – 22 **un herido** up que ha sufrido
daño – 22 **una tontería de bombardeo** un bombardeo sin importancia – 23 **un fracaso** ≠
éxito – 24 **el heroísmo** → héroe – 30 **innumerable** tanto que no se puede contar

de los presos. ¿Merecía de verdad la pena seguir resistiendo? ¿No era preferible que la República se rindiera y terminara el sufrimiento de una vez? Creo que muchos nos hacíamos las mismas preguntas, aunque nunca en voz alta, porque se
5 corría el riesgo de ser acusado de derrotismo y acabar entre rejas. Sé que mi padre pensaba del mismo modo, y así se lo insinuaba a veces al tío Arturo, que no quería ni oír hablar del asunto. Según él, nuestro ejército estaba preparando una gran ofensiva, y Francia estaba a punto de abrir su frontera para que
10 pudieran llegar armas para la República. Pero la gran ofensiva no llegaba nunca, y la República seguía casi indefensa frente a los fascistas, que cada día eran más fuertes con las armas y refuerzos que les mandaban desde Alemania e Italia.

Después de aquel primer bombardeo hubo algunos más. La
15 radio y el periódico se empeñaban en que habían sido ataques sin importancia, nada que ver con el tremendo castigo que estaba recibiendo Madrid y, por supuesto, inútiles para quebrar la altísima moral de la ciudadanía. Pero la pura verdad es que la gente estaba aterrorizada. Se instalaron alarmas antiaéreas
20 por las calles para que todo el mundo pudiera buscar refugio con tiempo. Las farolas se apagaban a las ocho, y en las casas teníamos que cubrir las ventanas con paños gruesos o cartones para que la luz no se filtrara al exterior y pudiera ser vista desde el aire. Por las noches era como si la ciudad entera fuera
25 tragada por las tinieblas. También empezaron a construirse refugios en el centro y en los barrios. Pero casi ninguno estaba terminado la noche del 19 de febrero del año 37, «la noche del Bombardeo» con mayúscula, como todo el mundo la llamaría después.

---

1 **merecer la pena** sich lohnen – 2 **preferible** mejor – 3 **un sufrimiento** → sufrir – 5 **acusar de** etw unterstellen bzw. beschuldigen – 5 **el derrotismo** pesimismo y escepticismo – 5 **acabar entre rejas** ir a la cárcel – 7 **insinuar** dar a entender uc expresándola de modo sutil – 11 **indefenso** sin protección – 13 **un refuerzo** *aquí:* soldados que vienen a ayudar – 17 **quebrar** disminuir la fuerza de uc – 22 **un paño** trozo de tela – 23 **filtrarse** pasar – 24 **ser tragada por las tinieblas** estar completamente a oscuras

Empezó a las ocho y cinco, justo cuando las luces de la calle acababan de apagarse. Estábamos todos en casa. Mi madre preparaba la cena en la cocina y mi padre andaba enredado con papeles en su despacho. Yo jugaba al parchís con mis
5 hermanos, porque desde que no me dejaban salir a la calle sola o ir a casa de mis amigas, cada vez pasaba más tiempo con ellos. Entonces oímos el aullido de las alarmas y fue como si la ciudad se llenara de monstruos que rugían. «¡Salid todos! —gritó mi padre desde la puerta—. Poneos encima
10 algo de abrigo, que nos vamos a casa del tío Antonio». Mi tío Antonio, uno de los hermanos de mi madre, vivía muy cerca, en la siguiente esquina, y tenía una casa grande con sótano. Mi padre y él habían acordado que nos refugiaríamos allí en caso de que hubiera una alarma aérea.
15 La calle era un auténtico manicomio. La gente intentaba encontrar el camino de su casa en la oscuridad o buscaba un sitio donde esconderse hasta que la alarma hubiera pasado. Se oían gritos y llantos por todas partes. Una señora mayor se había caído y se lamentaba tendida en la acera, mientras los
20 que corrían tropezaban con ella o la pisoteaban. Era apenas un bulto negro en mitad de la noche. Mi padre la ayudó a incorporarse y le dijo que viniera con nosotros. Ya se oía el fragor de los aviones, y esta vez parecía más poderoso que nunca. «¡Entrad, deprisa!», nos dijo el tío Antonio desde la
25 puerta de su casa.
El sótano era húmedo, estaba lleno de polvo y de trastos, y muy mal iluminado por una solitaria bombilla colgada del techo. Hacía frío allá abajo, y el tío Antonio nos dio mantas para poder aguantar hasta que pasara todo. Mis dos hermanos
30 se acurrucaron de nuevo contra mí, como si de repente se hubieran vuelto niños muy pequeños. Mi padre protegía a mi madre con el brazo, ella tenía tomada a la nena, que lloraba

3 **andar enredado con** estar ocupado con – 7 **un aullido** sonido similar a la voz de un perro triste – 8 **rugir** emitir la voz un animal salvaje – 13 **acordar** decidir uc con otra persona – 15 **un manicomio** una casa de locos – 19 **tendido** echado, tumbado – 20 **tropezar** stolpern – 21 **un bulto** cuerpo que se ve confusamente – 27 **una bombilla** Glühbirne – 28 **una manta** Decke – 30 **acurrucarse** zusammenkauern

muy flojito, porque ahora se daba cuenta de que aquello no era ningún juego. Había muchas más personas en aquel sótano, unas 20 ó 25, entre familiares, vecinos y gente a quien el bombardeo había sorprendido en la calle. El rugido de los 5 aviones era ya muy fuerte, como el de un tren que se aproxima a la estación. De pronto empezaron las explosiones. Algunas sonaban lejanas, otras tan cerca que la bombilla se balanceaba en el techo. El aire se llenó de polvo y algunos empezaron a toser. Entonces se oyó un estruendo enorme y las paredes 10 temblaron como si la casa entera fuera a derrumbarse sobre nosotros. La luz de la bombilla osciló y después se apagó por completo. La oscuridad se pobló de gritos y de llantos. Pero después todo el mundo guardó silencio, y fue como si nos quedáramos a solas con nuestro miedo. A ratos, el 15 ruido y las explosiones cesaban y pensábamos que ya había terminado todo, pero después volvían, siempre volvían, una y otra vez. Volaron más de 20 veces sobre la ciudad. Nos bombardearon con una saña que no habíamos conocido hasta entonces. Pasadas las cuatro de la mañana, pudimos salir por 20 fin del sótano. Caminamos de vuelta a nuestra casa como sonámbulos, y dimos gracias a Dios cuando la encontramos todavía en pie.

Al día siguiente nos enteramos de que había más de 80 muertos y 250 heridos. Las cuadrillas no daban abasto para 25 retirar los escombros y rescatar a los que habían quedado atrapados. Muchos brigadistas se presentaron para ayudar en las tareas de rescate. De alguna de las casas alcanzadas por las bombas no había quedado ni una sola pared en pie. Otras sólo se habían derrumbado en parte, y mostraban ahora sus

---

7 **balancearse** moverse de un lugar a otro – 9 **toser** → tos – 9 **un estruendo** ruido grande – 11 **oscilar** balancearse – 12 **poblarse** llenarse – 13 **guardar silencio** no hablar – 15 **cesar** parar – 18 **una saña** rabia, furia, odio – 21 **un sonámbulo** up que anda dormida – 22 **en pie** sin destruir – 24 **una cuadrilla** grupo de personas trabajan juntas – 24 **dar abasto** ser suficiente – 25 **retirar** sacar, llevar uc a otro lugar – 25 **rescatar** sacar, salvar – 26 **atrapado** que no puede salir porque no puede moverse – 27 **un rescate** salvamiento – 27 **alcanzado** *aquí:* destruido en mayor o menor medida – 28 **quedar** übrig bleiben

interioridades a la vista de todos. Parecían casas de muñecas: cada habitación pintada de un color distinto y los muebles ocupando todavía su sitio, como si estuvieran esperando el regreso de sus dueños. Se veían mesas camilla y tazas de retrete, 5 cuadros y retratos de parientes, y hasta camas deshechas con sus orinales debajo. Daba mucha pena y mucha vergüenza ver aquella intimidad expuesta a la vista de la gente, que se arremolinaba en grandes grupos frente a las casas alcanzadas por las bombas. Pero yo prefería pasar de largo sin mirar.

10 Ese mismo día mi padre decidió que nos fuéramos al campo hasta que hubiera pasado el peligro. Dicho y hecho, nos subió a todos en una tartana y nos llevó a La Higuera, la aldea de mi madre. Recuerdo que tardamos muchísimo tiempo en llegar, porque las carreteras estaban bloqueadas por gente que huía 15 lo mismo que nosotros. Hacía un frío que cortaba el aliento, pero en el campo no volaban las bombas, como si la guerra y sus horrores fueran sólo cosa de las ciudades.

Apenas un par de meses después nos enteramos de que los mismos aviones que habían bombardeado nuestra ciudad 20 habían atacado el pueblo industrial de Guernica, cerca de Bilbao. En los periódicos decían que la destrucción había sido absoluta, incomprensible. El horror fue tan enorme que hasta los gobiernos de otros países protestaron. Franco dijo que los propios milicianos vascos habían dinamitado la ciudad. 25 Después, al ver que nadie lo creía, se disculpó diciendo que los jefes de la Legión Cóndor habían obrado por su cuenta, sin su consentimiento. Yo no pude evitar pensar que aún debíamos considerarnos afortunados de que los alemanes hubieran reservado sus mejores bombas para la desdichada Guernica.

---

1 **a la vista de todos** que puede ser visto por todos – 4 **una mesa camilla** Klapptisch mit einem Untersatz für ein Kohlenbecken – 4 **una taza de retrete** Kloschüssel – 5 **deshecho** sin hacer (cama) – 6 **recipiente** para hacer pipí – 6 **dar uc pena a up** sentir pena, lástima por – 8 **arremolinarse** sich drängen – 9 **de largo** sin pararse o detenerse – 13 **tardar** necesitar tiempo – 15 **un frío que corta el aliento** muchísimo frío – 24 **dinamitar** hacer explotar con dinamita – 26 **Legión Cóndor** fuerzas militares de la Alemania nazi que ayudaron a Franco durante la Guerra Civil Española – 26 **obrar** actuar – 27 **un consentimiento** permiso – 28 **afortunado** que tiene suerte

Recuerdo que a mi padre le entristeció mucho enterarse de aquella atrocidad. Estuvo muchas horas encerrado en su despacho. Después, oí como le decía a mi madre: «Franco puede ganar esta guerra cuando quiera. ¿Por qué no acaba todo esto ya? ¿Es que quiere matarnos primero para poder mandar sin estorbos?».

Creo que mi padre tenía mucha razón. El día que Guernica fue destruida, todos supimos que estábamos condenados.

6 **un estorbo** uc o up que molesta – 8 **condenado** verurteilt

# 16

Nos quedamos en el campo hasta la Semana Santa que, igual que había pasado con las Navidades, ni fue Semana Santa ni nada. Resultaba muy raro que no hubiera oficios ni procesiones, porque uno se acostumbra a medir el tiempo
5 por las fiestas, y cuando las fiestas desaparecen, es como si el tiempo no pasase y cada día repitiera el anterior. Precisamente durante el año 37 el curso de la guerra cambió de un modo que hizo esa impresión todavía más fuerte. Hasta ese momento parecía que las cosas ocurrieran muy deprisa y que todo fuera
10 a terminar en un abrir y cerrar de ojos. Pero después del asalto a Madrid, la guerra pareció estancarse. Seguían llegando noticias de ofensivas, batallas y bombardeos, pero los frentes apenas cambiaron durante meses. Fue entonces cuando todos comprendimos que la guerra iba a ser larga, una larga y oscura
15 pesadilla.

Como mi padre había dicho después de lo de Guernica, parecía que Franco no tuviera prisa por que aquello se acabara. Prefería ir despacio, tomarse su tiempo para fusilar y meter en la cárcel a la mayor cantidad posible de rojos cada vez que
20 los nacionales tomaban una ciudad. Además, ahora tenía las manos libres para hacer las cosas a su gusto: el general Mola, que era el que más mandaba después de él, se había matado en un accidente de aviación. Nadie creía ya que Franco fuera a llamar al rey Alfonso de vuelta después de la guerra. Saltaba a
25 la vista que él se pensaba ya por encima del rey. Más aún que eso: Franco estaba convencido de que Dios lo había enviado para salvar España.

---

3 **un oficio** ceremonia religiosa – 4 **medir** messen – 7 **un curso** Verlauf – 10 **en un abrir y cerrar de ojos** inmediatamente – 10 **un asalto** ataque – 11 **estancarse** no avanzar – 20 **las manos libres** toda la libertad – 23 **de aviación** de avión – 24 **llamar de vuelta** pedir que volviera – 24 **saltar a la vista** ser evidente, estar muy claro

Pero estaba hablando de los días en que volvimos del campo a nuestra casa, cuando parecía que lo peor de los bombardeos había pasado ya. A pesar de la calma, la sensación de tristeza y de derrota era más intensa que antes, aunque la gente prefería no pensar en eso y trataba de reconstruir su vida a partir de las rutinas de cada día. Y lo mismo hicimos nosotros, aferrarnos a lo cotidiano, como si ésa fuera la única forma de mantener a raya el miedo a lo que se nos venía encima.

Mi padre había perdido casi todas sus representaciones, pues la mercancía apenas llegaba, y de todas maneras nadie tenía ya dinero para gastar. Ahora trabajaba en el edificio del Banco de España, donde el tío Arturo le había procurado un cargo en la Junta de Compras para el Avituallamiento, que se encargaba de adquirir comida y pertrechos para las tropas que estaban en el frente. Se pasaba el día exprimiendo hasta el último céntimo y discutiendo con los proveedores. Y siempre volvía a casa tarde, casi a la vez que apagaban las luces de la calle, agotado y con unas ojeras enormes, y un poco más abatido cada día. Sin embargo, creo que aquel trabajo lo ayudó a soportar mejor la última parte de la guerra.

Mis hermanos habían vuelto, muy a su pesar, a la academia de don Julián, de quien contaban historias tan espeluznantes que yo preferí no seguir oyéndolas. Mi hermana Angelita crecía y hablaba ya la mar de bien con su voz de mascarita de carnaval. Y yo, casi sin darme cuenta, acababa de cumplir 14 años y me encontré convertida de pronto en una mujer.

Aquello de ser una mujer tenía sus ventajas, pues parecía que todos me miraran de otra manera. Mis hermanos empezaron por fin a respetarme, y mis padres me permitían

---

5 **tratar** probar, intentar – 6 **aferrarse a** acogerse a uc como única salida o esperanza – 7 **lo cotidiano** lo normal de todos los días – 7 **a raya** controlado – 12 **procurar** facilitar, conseguir – 13 **encargarse** ocuparse – 14 **adquirir** conseguir, comprar – 14 **los pertrechos** *mpl* municiones y armas – 15 **exprimir hasta el último céntimo** intentar comprar el máximo de cosas con el mínimo dinero posible – 16 **un proveedor** up o empresa que vende mercancías – 17 **a la vez** al mismo tiempo – 17 **agotado** muy cansado – 21 **muy a su pesar** en contra de lo que ellos querían – 22 **espeluznante** horrible – 24 **la mar de** muy – 24 **una mascarita** *dim* máscara – 27 **una ventaja** pro

participar en sus conversaciones como si yo fuera una persona mayor, lo que me ahorraba la tentación de escuchar detrás de las puertas. Me llenaba de orgullo que mis padres me confiaran sus preocupaciones. A cambio, tuve que dejar
5 atrás para siempre el mundo de los juegos de mi infancia; la comba, el tejo y las muñecas se convirtieron en un recuerdo, y ya nunca se me ocurría escribirles cartas a los artistas de cine, como cuando era pequeña. No me quedaba ya tiempo para esas tonterías que antes me divertían, porque mi madre me
10 encargaba cada día más faenas, y yo andaba siempre ocupada con las obligaciones de la casa.

Cada día acompañaba a la Anica al mercado, donde las colas seguían alargándose, o iba por picón para el brasero a la carbonería de la esquina. También ayudaba a mi madre
15 con la colada, que por aquellos días era muy laboriosa. Había que dejar la ropa en remojo toda la noche en grandes tinas con jabón y aclararla al día siguiente para ponerle después los polvos de lejía. Luego añadíamos el azulete (con mucho cuidado, porque si te pasabas de cantidad la ropa tomaba
20 un color feísimo), y después lo colgábamos todo a secar. Las puntillas y bordados se almidonaban, y también los cuellos y puños de las camisas, que muchas veces había que llevar a casa de la planchadora, porque por aquella época lo planchábamos todo, hasta las sábanas, las toallas y los
25 paños de cocina. Usábamos unas planchas de hierro que se calentaban en una hornilla. Dos estaban siempre al fuego y, mientras, planchábamos con la tercera, que había que sujetar

---

2 **ahorrar** sparen – 4 **confiar** *una preocupación* compartir – 9 **una tontería** → tonto – 10 **encargar una faena** hacer hacer un trabajo – 10 **una faena** tarea, trabajo – 13 **alargarse** → largo – 13 **ir por uc** ir a buscar – 13 **el picón** *carbón* (Kohle) – 13 **un brasero** Kohlenbecken – 14 **una carbonería** lugar donde venden carbón – 15 **una colada** ropa lavada – 15 **laborioso** que representa mucho trabajo – 16 **en remojo** dentro del agua – 16 **una tina** Waschwanne – 17 **aclarar** *la ropa* quitar el jabón – 18 **la lejía** Waschlauge – 18 **añadir** poner – 18 **el azulete** polvos para dar un color azulado a la ropa blaca – 19 **pasarse de cantidad** poner demasiado – 20 **secar** → seco – 21 **almidonar** stärken – 22 **un puño** *de camisa* extremo de la manga – 23 **una planchadora** mujer que plancha – 24 **planchar** bügeln – 24 **una sábana** tela que se pone en la cama – 25 **una plancha** objeto para planchar – 26 **una hornilla** Ofen

con un paño grueso para no quemarte. A veces se quedaba algún tizón pegado en la base de la plancha y al usarla se manchaba la ropa, lo que me valió más de una reprimenda de mi madre. «Pero madre —protestaba yo—, es que esto de

5 la colada es muy difícil». Y ella me decía que no me quejara, que más difícil era cuando ella era moza y tenían que llevarse la ropa al río hasta en pleno invierno, y la lejía se hacía con la ceniza de la lumbre.

Con aquello de ser una mujer y tener tantas obligaciones,

10 cada día tenía más olvidada a mi pobre abuela. A veces la imaginaba languideciendo en su cuarto, cada vez más pequeñita y transparente. Me daba mucha pena pensar en lo sola que estaría, pero me resistía a entrar a verla. «Ahí dentro debe de hacer un frío espantoso», me decía cada vez que

15 pasaba por delante de su puerta, y entre eso y mis obligaciones encontraba siempre una excusa para pasar de largo. Pero creo que el motivo real era mi miedo a ese poder de la abuela para saber lo que iba a ocurrir. Y es que yo, por aquellos días, a lo único que aspiraba era a no saber nada de nada. Aquello me

20 tuvo mortificada durante un tiempo, hasta que una vez, al pasar por delante de la puerta, la encontré abierta. Entonces me acerqué y oí ruido dentro. Era la vocecita de mi hermana, que parecía enredada con alguien en una conversación. Me asomé y las vi a las dos sentadas juntas en la mesa camilla.

25 Angelita hablaba sin parar y mi abuela sonreía mientras tejía su ganchillo, su eterna labor de ganchillo que había abandonado la última vez que yo la vi. La habitación seguía tan fría y tan oscura como entonces, y mi abuela igual de transparente, pero ellas dos charlaban y reían como si no les importara. Estuve

---

2 **un tizón** halbverbranntes Scheit – 2 **pegado** enganchado, que no se suelta – 3 **lo que me valió** por lo que me gané – 3 **una reprimenda** derber Verweis – 6 *ser* **mozo** joven – 8 **la ceniza** lo que queda después de un fuego – 8 **una lumbre** fuego que se hace para cocinar – 11 **languidecer** perder fuerza y energía – 13 **resistirse a hacer uc** oponerse con fuerza a hacer uc – 14 **espantoso** horrible – 16 **una excusa** disculpa → excusarse – 19 **aspirar a** querer – 20 **mortificado** betrübt – 23 *estar* **enredado en una conversación** estar hablando – 26 **eterno** que no tiene fin

a punto de entrar y unirme a su conversación, pero tenía faenas pendientes y pensé que mejor sería dejarlo para otro momento.

Recuerdo que un día, durante la hora de la comida, a mi
5 hermana se le ocurrió decir con su media lengua que la «yaya» María era muy buena y que le gustaba mucho ir a jugar con ella. La cuchara de mi madre se quedó congelada entre el plato y su boca, y mis dos hermanos empezaron a reírse y burlarse de la chiquilla, que los miró muy ofendida y los llamó
10 «tontos». Creo recordar que mi padre resopló y dijo que ya era casualidad que a las dos niñas de la familia les hubiera dado por la misma chifladura. Por suerte, supe reaccionar a tiempo y les conté que era yo quien le había hablado a Angelita de la abuela y de lo buena que había sido con nosotros. Luego les
15 dije que la nena se iba muchas veces a jugar debajo del retrato de la abuela María que estaba colgado en el comedor. Mi madre me miró con los ojos muy brillantes y me parece que no me creyó del todo, pero después todos seguimos comiendo y, por suerte, ahí acabó la cosa.
20 «No le hables nunca a nadie de la abuela —le dije a Angelita a solas—. Vamos a dejar que sea un secreto entre las dos». Y a ella pareció hacerle mucha gracia lo de tener una abuelita secreta y me dijo que sí moviendo mucho la cabeza. A lo mejor no hacía falta que le dijera aquello. De todas formas, ¿quién la
25 hubiera creído?

Algunas mañanas, cuando hacía bueno, me llevaba a Angelita de paseo o a jugar en el parque. Nos acompañaba siempre María Luisa, la niñera de mi hermana. Pero ni así se quedaba mi madre tranquila, pues decía que con tanta gente extraña
30 rondando por la ciudad no estaba bien que dos muchachas

---

2 **pendiente** por hacer – 5 *tener* **media lengua** no saber hablar todavía bien – 5 **una yaya** abuela – 7 *quedarse* **congelado** paralizado – 9 **ofendido** beleidigt – 10 **resoplar** echar ruidosamente el aire por la boca o la nariz – 11 **una casualidad** Zufall – 12 **una chifladura** locura – 30 **rondar** *por la ciudad* ir, andar

y una niña se sentaran solas en un banco del parque. Nos dejaba ir sólo porque Angelita se estaba poniendo muy pálida de pasar tanto tiempo encerrada en casa, pero siempre nos advertía que nunca habláramos con nadie y que saliéramos
5 corriendo si algún hombre se acercaba a nosotras. Además, a mí me hacía ponerme siempre un sostén muy apretado y ropa gruesa y holgada que me disimulara el pecho, porque yo me había desarrollado bastante en muy poco tiempo, y mi madre se empeñaba en que no quería que los hombres me miraran
10 como si fuera una pelandusca.

Yo apenas podía respirar con aquellos sujetadores tan apretados, y me ahogaba de calor cuando mejoró el tiempo con aquel montón de ropa encima. Pero ni se me habría ocurrido pensar en llevarle la contraria a mi madre. Aunque en realidad
15 no era necesario todo aquello, porque a la que miraban los hombres no era a mí, sino a María Luisa.

Ella era una muchacha muy joven. No llegaba a los 20 años, y creo que podríamos habernos hecho amigas si los tiempos hubieran sido otros, pues por entonces no se concebía que una
20 señorita como yo intimara con una chica del servicio (tiene gracia, ahora que lo pienso, lo poco que habían cambiado las cosas por mucho que cantáramos *La Internacional*). El caso es que María Luisa y yo hicimos buenas migas a pesar de todo, y pasábamos largos ratos charlando de nuestras cosas mientras
25 la nena jugaba en el parque.

Ella era muy guapetona, con su melena negra preciosa y sus ojos grandes y rasgados. Los hombres le hacían requiebros por la calle, y eso a mí me daba mucha vergüenza, aunque ella parecía acostumbrada y no hacía ni caso. También los

---

6 **un sostén** prenda de ropa interior femenina – 6 **apretado** ≠ ancho – 7 **holgado** ancho – 7 **disimular el pecho** hacer que parezca más pequeño – 7 **el pecho** Brust – 10 **una pelandusca** *despect* prostituta – 12 **ahogarse** no poder respirar – 14 **llevar la contraria a up** discutir con – 19 **concebir** pensar en la posibilidad de uc – 20 **intimar con** hacerse amigo de – 20 **una chica del servicio** que trabaja en una casa sirviendo – 23 **hacer buenas migas con** tener una buena relación – 26 **guapetón** guapo – 26 **una melena** pelo largo – 27 **rasgado** geschlitzt – 29 **hacer caso** dar importancia

brigadistas le echaban piropos, sobre todo los franceses y los italianos, que eran todavía peores que los de aquí, aunque por suerte no se les entendía casi nada. «Oye —le decía yo a María Luisa—, me parece que ese brigadista del bigote te ha dicho
5 "bellísima"». Y ella se reía a carcajadas y me decía que apretara el paso, porque se nos hacía tarde para la comida.

Entonces fue cuando apareció Tom. Porque Tom nosequé (nunca pude recordar su apellido) era el nombre de un brigadista que se nos acercó una mañana de domingo, después
10 de haber estado rondando alrededor de nuestro banco durante un buen rato, y nos pidió permiso por señas para sentarse con nosotras. María Luisa y yo nos miramos sin saber qué hacer. Pero de pronto ella se fijó en él y debió de verle cara de bueno, porque enseguida se movió para hacerle sitio a su lado: «Sí,
15 claro, camarada, siéntese. Faltaría más». Yo me escandalicé un poco de que María Luisa fuera tan descarada, y por unos instantes estuve tentada de obedecer a mi madre y salir corriendo. Entonces miré al muchacho de reojo y me pareció muy joven y muy simpático, con su pelo rubio rizado y su
20 piel pálida y llena de pecas, como los duendes de los libros de cuentos. Y sí, la verdad es que tenía una cara de buena persona que no podía con ella. Después, cuando empezó a hablar con nosotras, resultó ser además tan educado que me dije que la cosa no tenía importancia, aunque rogué que no pasara
25 ningún conocido de mis padres que pudiera luego irles con el cuento.

Tom apenas hablaba español, pero por señas y con cuatro palabras sueltas que había aprendido se las arregló para explicarnos que era de una ciudad del norte de Inglaterra que

---

5 **apretar el paso** darse prisa – 7 **nosequé** no se qué más – 10 **rondar** pasear un chico cerca de una chica que le interesa – 13 **de bueno** de buena persona – 15 **faltaría más** selbstverständlich – 15 **escandalizarse** provocar disgusto – 16 **descarado** atrevido – 17 **estar tentado de** tener la tentación de – 20 **una peca** Sommersprosse – 20 **un duende** personaje de cuento infantil – 22 **que no podía con ella** *aquí:* que no podía esconderla – 23 **educado** amable, con buenos modales – 24 **rogar** suplicar, implorar – 25 **ir a up con el cuento** *aquí:* explicar uc a up – 28 **una palabra suelta** sin formar una frase

se escribía «Liverpool» y se pronunciaba «livepuuul», alargando mucho la *u*. Nos contó que era minero de oficio y miembro del Partido Comunista inglés, y que se había enrolado en las Brigadas porque le parecía una vergüenza que el Gobierno de
5 su país no hiciera nada para ayudar a la República española. Nos confesó también que estaba un poco harto de extraer carbón, y que tenía ganas de viajar y ver el mundo, aunque le habían dicho que España era un país muy cálido y luego había resultado que no, que lo habían engañado. *«¡Cold, cold,*
10 *brrrrrr!»*, decía Tom, haciendo como que tiritaba y a nosotras nos hacía mucha gracia y nos moríamos de risa con él. Y a Angelita también le caía muy simpático, porque desde el primer día que lo vio siempre acudía para que la tomara y la sentara en sus rodillas.

15 El batallón de Tom estaba recibiendo instrucción en un pueblo cercano, pero él venía siempre que podía, y nosotras procurábamos estar sentadas en el mismo banco todos los domingos para que nos encontrara sin problemas. De todas formas, a mí no me pasó por alto la forma en que María Luisa
20 y él se miraban, y decidí poner pretextos para no ir con ella, porque aunque me divertía mucho con Tom, pensé que era mejor dejarlos hablar sin estorbos.

Desde entonces María Luisa parecía estar siempre con la cabeza en otro sitio y te miraba como si no te viera. A veces
25 salía de casa entre semana con cualquier excusa y luego tardaba mucho tiempo en volver. Mi madre tenía la mosca detrás de la oreja y se enfadaba mucho con ella, pero yo hice lo que pude para encubrirla. «Maruja —me confesó Maria Luisa un día—, Tom me ha dicho que cuando termine la guerra va a

---

3 **enrolarse** *en el ejército* entrar, inscribirse – 4 **una vergüenza** Schande – 6 **extraer** sacar – 10 **tiritar** temblar – 12 **caer simpático** gustar – 14 **en las rodillas** auf dem Schoß – 15 **la instrucción** *militar* conocimientos que necesita un soldado – 19 **pasar por alto** no darse cuenta de – 20 **un pretexto** excusa – 26 **tener la mosca detrás de la oreja** sospechar, olerse uc – 28 **encubrir a up** mentir para proteger a up

venir por mí y me va a llevar a Inglaterra para casarnos». Yo me alegré mucho por ella, y también lloré con ella cuando a Tom se lo llevaron al frente de Aragón.

Acompañé a María Luisa el día que fue a despedirlo en la estación, me di la vuelta mientras ellos dos se abrazaban y se besaban, y me puse muy colorada cuando Tom me dio a mí también un beso en la mejilla. Era muy alto, muy guapo y olía muy bien.

# 17

A finales del verano del 37 habían caído casi todas las ciudades que le quedaban a la República en el norte. Ya sólo resistían las poblaciones de las cuencas mineras de Asturias, donde Franco y sus regulares inspiraban pánico por aquello
5  que pasó en el año 34; pero incluso éstas no tardarían en seguir el mismo camino que Bilbao y Santander. Por aquellos días fue muy comentada la tremenda batalla que se libró en Belchite, cerca de Zaragoza. Hasta entonces nadie había oído hablar de Belchite; por eso no pude entender que tantos soldados
10  murieran por culpa de aquel pueblucho. Los periódicos dijeron que había sido un brillante movimiento estratégico de la República. Pero yo, que nada sabía de estrategia, sólo podía pensar en los muertos.

Acababa de cumplirse el primer año de la guerra, un
15  aniversario que nadie celebró. Aquel verano yo pasé una temporada en el sanatorio del tío Arturo, que fue donde me operaron de anginas de pequeña. No es que estuviera enferma ni nada, sino que mis primas me invitaron a quedarme unos días con ellas. Los hijos del tío eran ya mayores, pero
20  él había recogido en su casa a una hermana viuda que tenía dos hijas de mi edad. Se llamaban María y Piedad, y las tres congeniábamos muy bien. Por aquellos días la familia entera se había trasladado al sanatorio del tío, un gran caserón que estaba al final de la calle del Rosario, en el lugar donde acababa
25  la ciudad y empezaban las huertas. Las monjas de la Caridad que lo atendían habían tenido que irse al principio de la guerra. El tío las había tenido escondidas en su propia casa hasta que pasó lo peor, y luego buscó la manera de que pudieran salir

---

3 **una cuenca *minera*** Bergbaugebiet – 7 la **Batalla de Belchite** es una de las batallas simbólicas de la Guerra Civil. El pueblo quedó completamente destruido – 10 **un pueblucho** *despect* pueblo – 11 **brillante** extraordinario, excepcional – 15 **un aniversario** cumpleaños – 16 **una temporada** periodo de tiempo – 18 **ni nada** *aquí:* o así – 20 **viudo** cuyo marido o mujer ha muerto – 22 **congeniar** llevarse bien, entenderse – 25 **una huerta** terreno donde se cultivan frutas y verduras

de la ciudad y llegar a la zona nacional. Ahora el sanatorio lo atendían entre las enfermeras y la familia del tío. Mis primas también echaban una mano, aunque la verdad es que no tenían mucho que hacer. A mí me encantaba que me invitaran
5 a ir con ellas, porque así me libraba de trabajar en mi casa. «Pero madre, compréndalo, allí están agobiados de trabajo y las primas me han pedido que vaya para ayudarlas a cuidar a los enfermos», y con eso mi madre dejaba de refunfuñar. Yo no era del todo sincera, porque a los enfermos los cuidaba el personal
10 del sanatorio y nosotras ni siquiera los veíamos. Pasábamos mucho rato en el patio o en el pabellón donde habían vivido las monjas, que estaba lleno de camas y que ahora teníamos para nosotras solas. A veces paseábamos por los caminos que bordeaban las huertas y nos adormecíamos un rato debajo
15 de un árbol, mientras oíamos zumbar a los abejorros y las libélulas.

Pasábamos horas leyendo, sobre todo libros de Pearl S. Buck y de las Bronte, que escribían unas novelas larguísimas y emocionantes. Nos gustaba imaginarnos que éramos las
20 tres hermanas Bronte, encerradas en su caserón del norte de Inglaterra en medio de un páramo azotado por el viento, y charlábamos sin parar sobre la pobre Jane Eyre, que era institutriz en una mansión donde había una loca encerrada, y los amores de Heathcliff y Catherine en *Cumbres borrascosas*.
25 Pero de lo que más hablábamos era del tío Arturo y su querida. Porque el tío Arturo tenía una querida y todo el mundo lo sabía.

---

5 **librarse de** no tener que – 6 **estar agobiado de trabajo** tener mucho trabajo –
9 **sincero** que dice la verdad – 11 **un pabellón** edificio – 14 **bordear** pasar por el lado,
rodear – 14 **adormecerse** dormirse – 15 **zumbar** producir un ruido continuado y sordo –
15 **un abejorro** Hummel – 16 **una libélula** Libelle – 17 **Pearl S. Buck** (1892–1973) escritora
estadounidense – 18 **Las Hermanas Brontë**, Charlotte (1816–1855), Emily (1818–1848)
y Anne (1820–1849) novelistas inglesas – 21 **un páramo** terreno sin vegetación –
21 **azotado por el viento** donde hace mucho viento – 23 **una institutriz** mujer encargada
de la educación de los niños de una casa – 23 **una mansión** casa grande y señorial –
24 **Cumbres borrascosas** Wuthering Heights, de E. Brontë – 25 **una querida** amante

No es que el tío Arturo fuera un crápula ni un sinvergüenza. Si me paro a pensarlo, por aquella época a la gente le parecía normal que los hombres de cierta categoría tuvieran una amante, a la que mantenían con casa y servicio doméstico incluidos. Recuerdo que era de lo más común oír por la calle: «Mira, mira. Por ahí va la querida de don Fulano». Esas cosas eran del dominio público, y supongo que las esposas engañadas eran las primeras en saberlo, pero ellas se hacían las tontas y todos vivían tan felices. Aunque el caso de la mujer del tío Arturo era distinto. La tía Pura estaba enferma desde hacía mucho tiempo; tenía una enfermedad terrible llamada «lupus canceroso» que hacía que el cuerpo entero se le llenara de llagas y úlceras. Yo no la veía más que media docena de veces, pues la pobre estaba siempre escondida en una habitación en penumbra, pero recuerdo que la primera vez me eché a llorar y estuve a punto de salir corriendo. La enfermedad de la mujer del tío era incurable y la estaba devorando poco a poco. Ya habían tenido que amputarle una pierna y se había quedado casi ciega. Creo que la pobre estaba tan amargada que casi no hablaba, pero el tío siempre fue muy bueno con ella: la trataba con mucho cariño, le llevaba regalos y todos los días le curaba él mismo las úlceras. Y eso a pesar de lo ocupado que estaba siempre, porque el tío no paraba en todo el día: cuando no estaba en alguna reunión de su partido, estaba pasando consulta, operando o visitando enfermos a domicilio. No es que quiera disculpar a mi tío Arturo, pero siempre pensé que en su caso lo de tener una amante estaba mucho más justificado que en otros.

1 **un crápula** up con una vida llena de vicios – 2 **pararse a pensar** pensar detenidamente – 3 **una categoría** posición social – 4 **mantener** unterhalten – 4 **un servicio doméstico** sirvientes – 6 **Fulano** persona indeterminada – 7 **del dominio público** de todos conocido – 8 **engañado** betrogen – 8 **hacerse el tonto** hacer up como si no supiera uc – 13 **una llaga** offene Wunde – 13 **una úlcera** Geschwür – 17 **incurable** sin cura, sin remedio o solución – 17 **devorar** destruir, consumir – 19 **ciego** que no puede ver – 19 **amargado** triste, apenado – 21 **el cariño** amor, afecto, ternura – 22 **curar** pflegen – 23 **no parar** tener siempre mil cosas que hacer – 24 **pasar consulta** Sprechstunde halten – 25 **a domicilio** en casa (de los enfermos) – 28 **estar justificado** haber buenas razones para hacer uc

Nosotras no habíamos visto nunca a la querida del tío Arturo, aunque sabíamos que vivía en una casa con balcones que estaba en la misma calle que el sanatorio. Puede resultar extraño que el tío no le hubiera buscado un sitio algo más
5 discreto, aunque supongo que, siendo él un hombre tan ocupado, la cercanía le permitía ahorrar tiempo en viajes. El caso es que mis primas y yo nos moríamos de ganas por echarle un buen vistazo a la querida del tío, así que un día, ni cortas ni perezosas, nos apostamos en la acera de enfrente de
10 su casa con la esperanza de poder verla cuando saliera. Casi nos da un ataque cuando al que vimos salir fue al tío Arturo, con un sombrero de paja y una chaqueta clara, balanceando el bastón muy contento. Las tres nos metimos precipitadamente en el portal más cercano y nos consideramos muy afortunadas
15 cuando el tío pasó de largo sin vernos. Tuvimos que esperar una hora larga hasta que salió ella, porque aquella mujer tan alta, tan guapa y con tanto garbo sólo podía ser la querida del tío Arturo. «Fíjate —dijo Piedad—, si parece una artista de cine». La miramos bien mirada mientras se alejaba, con aquella falda
20 tan ceñida y aquella forma tan elegante de moverse, y tengo que confesar que hasta me dio un poco de envidia, y recuerdo haber pensado que de mayor no me importaría ser como ella.

Y así fue pasando aquel verano del año 37, el segundo de la guerra. Los brigadistas seguían llegando por miles a nuestra
25 ciudad. Tantos eran que se habían convertido en una imagen cotidiana y casi no les prestábamos ya atención. Se decía que la República iba a lanzar una ofensiva en cualquier momento, y algo de verdad debía de haber en ello, porque cada vez reclutaban a más gente. Los cuarteles estaban ya a reventar,
30 de modo que empezaron a buscar alojamiento para los nuevos reclutas en las casas particulares. A nosotros nos tocaron dos.

---

5 **discreto** unauffällig – 6 **la cercanía** → cerca – 7 **morirse de ganas** tener muchas ganas –
8 **echar un vistazo** ver – 9 **apostarse** ponerse – 11 **dar un ataque a up** ponerse muy
nervioso – 12 **un sombrero de paja** Strohhut – 13 **un bastón** Stock – 13 **precipitadamente**
a toda prisa – 15 **una hora larga** más de una hora – 17 **un garbo** elegancia al andar
y moverse – 18 **fijarse** mirar bien – 20 **ceñido** estrecho – 31 **un recluta** soldado –
31 **particular** ≠ público – 31 **nos tocaron dos** uns wurden zwei zugeteilt

«Ay, Señor —se lamentaba mi madre, que empezaba casi todas sus frases así—. Tu hermano el cura escondido en la cámara y dos extraños en la casa. ¿Qué vamos a hacer, Dios mío?». Y mi padre siempre le contestaba que no se preocupara, que ya
5 vería como no pasaba nada.

Era verdad que el tío Eliecer seguía en la cámara, y cada vez más aburrido desde que había dejado de darnos lección. Se pasaba las horas muertas leyendo sus libros de rezos, y se empeñaba en confesarnos todos los días para que pudiéramos
10 comulgar en la misa que seguía diciendo cada mañana en el comedor. A mí aquello de las confesiones estaba empezando a ponerme nerviosa. Y no porque mis pecados fueran especialmente graves, pero lo de tener que contárselos al tío a diario me daba mucha vergüenza. Por eso me alegré
15 mucho cuando se aficionó a encuadernar libros y dejó de atormentarnos con la confesión diaria. También se entretenía liando y emboquillando pitillos, porque el tío Eliecer, a pesar de ser cura, fumaba igual que un carretero. Como por entonces escaseaba mucho el tabaco, no tenía más remedio que guardar
20 las colillas para poder liar más cigarrillos con las pocas hebras que quedaban en ellas, y una vez hasta lo vi añadir las hojas secas de los geranios del corral para que los pitillos le salieran más apretados.

Los dos soldados que nos tocaron en suerte se llamaban
25 Bernabé y Eduardo, y resultaron ser dos muchachos muy buenos. Mi padre les dejó la habitación de la abuela, lo que al principio me preocupó un poco, porque pensé que les parecería extraño dormir en una habitación en la que había una señora mayor haciendo ganchillo sin parar. El caso es que nunca se
30 quejaron, ni de la abuela ni del frío, lo que me confirmó que

---

3 **un extraño** desconocido – 9 **confesar a up** die Beichte abnehmen – 10 **comulgar** tomar la comunión – 12 **un pecado** acción o pensamiento contra la ley de Dios – 15 **aficionarse** hacer uc con ganas – 15 **encuadernar** (ein)binden – 16 **atormentar** molestar – 16 **una confesión** → confesar – 17 **liar** *un cigarrillo* drehen – 17 **emboquillar** poner un filtro – 17 **un pitillo** cigarrillo – 18 **fumar igual que un carretero** fumar sin parar – 20 **una colilla** resto de un cigarrillo – 20 **una hebra** Faden – 23 **apretado** ≠ suelto – 24 **tocar en suerte** ein Los ziehen – 30 **confirmar** bestätigen

mi hermana y yo éramos las únicas que podíamos verla. Nó sé
si a la abuela le molestó tener a dos soldados durmiendo en
su alcoba, pero supongo que no, y hasta puede que aquello le
sirviera de entretenimiento.

5    A Bernabé lo veíamos muy poco, porque pasaba todo el día
fuera de casa y sólo aparecía para dormir. Eduardo, en cambio,
se convirtió en uno más de la familia. Venía de un pueblo
cercano, tendría unos 18 ó 19 años y era huérfano. Además de
dormir, cenaba también en nuestra casa, y pasaba con nosotros
10 cualquier rato que le dejaran salir del cuartel. Con el tiempo
llegó a considerarse nuestro hermano mayor, y así empezamos
a tratarlo todos. Recuerdo que ayudaba mucho en la casa. Iba a
hacer todos los recados que mis padres le mandaban, y cuando
le quedaba tiempo agarraba el martillo y emprendía alguna
15 reparación, porque antes de que lo reclutaran había sido
aprendiz de carpintero. Otras veces se llevaba a mis hermanos
al cine o de paseo. Me habría ido con ellos de buena gana, pero
claro, yo ya era una señorita y no habría estado bien visto.

   Al principio de tener a Eduardo y Bernabé en casa, el tío
20 Eliecer procuró que se le viera lo menos posible, porque decía
que, por muy buenos chavales que parecieran, más valía
no arriesgarse. Después fue perdiendo el miedo y empezó
a bajar y a comer con nosotros, igual que hacía antes de que
los soldados vinieran. Ninguno de los dos preguntó quién era
25 aquel pariente que había aparecido de pronto, y a mi padre no
le pareció necesario darles explicaciones. De modo que la vida
siguió igual que antes, sólo que con dos inquilinos en casa que
no pagaban alquiler.

   El tío y Eduardo se llevaban bien. El muchacho le traía
30 tabaco, y el tío se aficionó a él y le daba un rato de lección de
vez en cuando, pues Eduardo no había podido ir a la escuela. Al

---

4 **un entretenimiento** diversión, pasatiempo – 13 **hacer recados** Sachen erledigen –
14 **agarrar** coger, tomar – 14 **emprender** hacer – 16 **un aprendiz** up que aprende una
profesión – 16 **un carpintero** up que hace muebles – 17 **de buena gana** con muchas
ganas – 22 **arriesgarse** correr el peligro o riesgo – 27 **un inquilino** up que vive en una
parte de una casa y paga alquiler – 30 **aficionarse a** up gustar a up estar con up

cabo de un tiempo, empezó a visitar al tío todas las noches en su escondrijo de la cámara. No sabíamos de qué hablaban allí, pero el caso es que se pasaban las horas muertas, hasta que el propio muchacho nos aclaró el misterio. Un día pidió hablar
5 con mis padres y les confesó que sabía que el tío era sacerdote. Mi madre se alarmó mucho, pero él le aseguró que no tenían motivo de preocupación, porque no pensaba contárselo a nadie. «Don Eliecer me ha hecho ver que mi auténtica vocación es el sacerdocio —dijo luego muy solemne—. Y me ha
10 prometido que, cuando termine la guerra y me licencie, me va a ayudar a ingresar en el seminario». Desde aquel día Eduardo oía misa cada mañana con nosotros en el comedor. Era el más fervoroso de todos, pronunciaba muy bien los latines y, cuando el tío alzaba el cáliz, parecía que la cara se le iluminara
15 con un brillo sobrenatural. Lloró mucho cuando se lo llevaron al frente, pero el tío le dijo que no se preocupara, porque Dios lo iba a proteger. Creo que, a su modo, Eduardo supo buscarse la mejor recomendación de todas.

---

2 **un escondrijo** escondite – 6 **asegurar** prometer, garantizar – 9 **una vocación** Berufung –
9 **el sacerdocio** ser sacerdote – 9 **solemne** serio – 10 **licenciarse** terminar el servicio
militar – 11 **ingresar** entrar – 13 **fervoroso** que muestra gran entusiasmo e interés –
13 **un latín** frase en latín – 14 **un cáliz** copa que usa el cura en misa – 15 **un brillo** *aquí:*
luz – 15 **sobrenatural** divino, celestial

# 18

El invierno del año 38 fue el peor de la guerra. Todo el norte había caído en manos de los nacionales y ahora tenían un frente menos del que preocuparse. Parecía que Franco ya no tenía tanta prisa por tomar Madrid, y se rumoreaba
5 que su ejército (ahora nadie discutía que el ejército nacional era el ejército de Franco) estaba listo para marchar sobre Cataluña y Levante. Lo único que podía hacer la República era concentrar todas las fuerzas que le quedaban y atacar a la desesperada. Y fue en el frente de Aragón, que hasta esos días
10 había permanecido relativamente tranquilo, donde se lanzó la ofensiva. En diciembre del 37 el ejército republicano consiguió quitarle a los facciosos la ciudad de Teruel. De todos modos, aquella victoria era sólo un espejismo y nadie se dejó engañar por ella, sobre todo cuando supimos que los nacionales, en
15 su contraofensiva, habían conseguido recuperar lo perdido y llegar al Mediterráneo, partiendo así en dos mitades la España republicana. Por si a alguien le quedaba alguna duda, pronto se supo también que el Gobierno se había trasladado desde Valencia a Barcelona para estar más cerca de la frontera.
20 A mí, como a la mayoría, la marcha de la guerra ya no me importaba ni poco ni mucho. Ahora había noticias todos los días, pero éramos como la gente que vive junto a la vía del tren: al principio el tren los sobresalta cada vez que pasa, pero luego se acostumbran y ni siquiera lo oyen. Eso nos ocurría a todos
25 al cabo de un año y medio de la sublevación, o por lo menos a los que teníamos la inmensa suerte de vivir lejos del frente: la guerra se había convertido para nosotros en un rumor lejano, un ruido de fondo que nunca cesa, pero al que apenas se le presta atención.

---

6 **marchar** irse a un lugar para atacarlo – 7 **Levante** actual Comunidad Valenciana – 8 **a la desesperada** *aquí:* haciendo lo imposible para ganar – 13 **un espejismo** ilusión, que parece lo que no es – 15 **una contraofensiva** respuesta a un ataque – 16 **partir** dividir – 20 **la marcha** *de la guerra* curso, desarrollo – 22 **una vía** camino por donde pasa el tren – 23 **sobresaltar** asustar uc que ocurrre de repente – 28 **de fondo** im Hintergrund

Mi padre era el único que seguía las noticias a través de la radio y los periódicos. Todas las noches, como una ceremonia, encendía el enorme aparato Saba que había en el comedor y dedicaba un buen rato a girar los botones para localizar
5 emisoras. El gran dial luminoso estaba lleno de nombres de ciudades: Madrid, Barcelona, Bilbao, París, Londres, Luxemburgo, Amsterdam ... Pero lo más frecuente es que sólo se oyera la emisora local, o como mucho Radio Sevilla, donde un general faccioso llamado Queipo de Llano se entretenía
10 contando vilezas sobre los rojos. Aquello deprimía mucho a mi padre. Por eso no sentí ninguna pena el día que mi hermano Paco decidió que el aparato de radio estaba muy sucio por dentro y se pasó un buen rato desmontándolo para más tarde descubrir que le sobraban la mitad de las piezas.
15 Además, aquel invierno del año 38 había otras muchas cosas de las que preocuparse. Por entonces escaseaba ya casi todo. Resultaba imposible encontrar pan blanco, y teníamos que contentarnos con pan de maíz o de cebada, que sabía a serrín y era tan basto que no había forma de tragarlo. La única carne
20 que comíamos era la de los pollos o conejos que a veces nos mandaban de La Aldea. De allí nos traían también los huevos, aunque lo difícil era encontrar aceite para freírlos, porque el aceite, igual que el azúcar o el café, había desaparecido casi por completo de las tiendas. La única forma de conseguir estas
25 cosas era comprarlas de «estraperlo», como ahora se llamaba al mercado negro que florecía a costa de la escasez. La Anica y yo teníamos que recorrernos media ciudad para encontrar legumbres o algo de verdura. Si éramos capaces de conseguir un poco de leche para la nena, volvíamos tan contentas como
30 si nos hubiera tocado la lotería.

---

2 **una ceremonia** ritual – 5 **una emisora** estación de radio – 5 **un dial** Stationsskala –
9 **Gonzalo Queipo de Llano y Sierra** (1875 – 1951) uno de los dirigentes del golpe militar
contra el gobierno de la Segunda República – 10 **una vileza** Gemeinheit / Schändlichkeit,
Niederträchtigkeit – 13 **desmontar** ≠ montar – 18 **la cebada** Gerstenkorn – 18 **saber
a serrín** tener muy mal sabor – 19 **basto** aquí: grobkörnig – 19 **tragar** (hinunter)
schlucken – 20 **un conejo** Kaninchen – 26 **la escasez** falta → escaso – 28 **una legumbre**
Hülsenfrucht – 30 **tocar a up la lotería** ganar la lotería

Y luego estaba el frío, porque no recuerdo haber pasado jamás tanto frío como aquel invierno. Mi casa estaba tan helada que ya no había ninguna diferencia entre el cuarto de la abuela y el resto de las habitaciones. El carbón y la madera
5 se habían puesto por las nubes y había que reservarlos para cocinar. Al anochecer nos apiñábamos todos en torno a la mesa camilla donde ardía el único brasero que podíamos permitirnos tener encendido. Y temíamos el momento de irnos a dormir. Desnudarse en esas condiciones era un
10 suplicio. Y tampoco meterse en la cama consolaba mucho, pues las sábanas estaban tan frías y tan rígidas como una cosa muerta. Por la mañana, tras levantarnos entre tiritonas, nos lavábamos someramente con el agua helada de las palanganas. Después, al salir a la calle, debíamos poner mucho cuidado
15 en no escurrirnos sobre los charcos que se habían congelado durante la noche. Teníamos las manos y las orejas cubiertas de sabañones, y ni siquiera con las más gruesas prendas de abrigo lográbamos combatir aquel frío que se aferraba a nuestros cuerpos y nos paralizaba. Es cierto que fue el invierno más frío
20 que se recordaba desde aquel que se llevó a mi abuela María, pero yo siempre pensé que ese soplo helado no podía venir solamente del exterior, sino también de algún lugar dentro de nosotros mismos donde el miedo y la desesperación habían anidado durante meses. Bastaba con mirar a la gente por la
25 calle, sus expresiones sombrías y furtivas, la forma en que la alegría había desertado de las caras, para darse cuenta de que, aunque el ejército de la República todavía resistiera, en nuestro fuero interno todos nos habíamos rendido tiempo atrás.

---

5 **ponerse por las nubes** subir mucho el precio de uc – 6 **apiñarse** juntarse estrechamente – 9 **desnudarse** quitarse la ropa – 10 **un suplicio** gran sufrimiento – 10 **consolar** trösten – 13 **somero** superficial, ligero – 13 **una palangana** recipiente que sirve para lavarse – 15 **escurrirse** rutschen – 15 **un charco** agua estancada en la calle – 15 **congelarse** helarse, convertirse en hielo – 17 **un sabañón** Frostbeule – 18 **aferrarse** pegarse – 20 **el invierno que se llevó a up** el invierno en que up murió – 21 **un soplo** corriente de aire – 23 **anidar** existir, habitar – 25 **sombrío** triste o pesimista – 25 **furtivo** heimlich – 26 **desertar** desaparecer – 28 **el fuero interno** conciencia – 28 **tiempo atrás** hacia tiempo

Aunque quizá no tenga derecho a lamentarme de la forma que lo hago, porque había otros muchos que estaban peor que nosotros. Se decía que en el frente de Aragón los soldados se estaban muriendo de frío. Pero no hacía falta ir tan lejos para
5 ver calamidades. Nuestra misma ciudad se había llenado de refugiados. La mayoría había venido de Madrid huyendo del terror de los bombardeos. Otros procedían de Extremadura y Andalucía, donde los facciosos habían cometido las peores barbaridades. Familias enteras habían escapado dejándolo
10 todo atrás; tan sólo se habían llevado con ellos el hambre y la miseria. Las autoridades no sabían qué hacer con aquella pobre gente, así que todos teníamos que ayudar en la medida que podíamos. El Socorro Rojo había improvisado unos comedores para los más pequeños. Un día mi padre me dijo
15 que hacían falta voluntarios con urgencia, porque los que atendían los comedores estaban desbordados. Le pedí permiso para ir a ayudar, y él me dijo que no esperaba menos de mí.

Era terrible ver el estado en que venían aquellas criaturas, y más para alguien como yo, que nunca había carecido de nada.
20 Todos estaban desnutridos, y muchos nos llegaban medio comidos por la sarna y los piojos. No teníamos gran cosa para alimentarlos. Les dábamos gachas de maíz y arroz cocido. A veces, lentejas, a las que era casi imposible quitarles todos los bichos, de tantos que había. Las patatas y los boniatos eran
25 recibidos como un manjar del cielo. Y también Rusia mandaba alimentos. Durante un tiempo tuvimos una carne en lata que los niños devoraban hasta dejar los platos relucientes, y eso que nadie supo jamás qué clase de carne era aquella que les mandaba el «camarada Stalin», porque las etiquetas de las latas

---

6 **un refugiado** up que por causa de una guerra busca refugio en otra parte – 7 **proceder** venir – 11 **la miseria** pobreza – 13 **el Socorro Rojo Internacional** servicio social internacional organizado por la Internacional Comunista en 1922 – 19 **carecer** no tener – 20 **desnutrido** débil por estar mal alimentado – 20 **medio comidos por** llenos de – 21 **la sarna** Krätze – 21 **un piojo** Laus – 22 **una gacha** Brei – 23 **una lenteja** Linse – 24 **un bicho** insecto, animal pequeño – 24 **un boniato** patata dulce – 25 **un manjar** comida exquisita – 27 **devorar** tragar muy rápido – 27 **reluciente** brillante – 29 **Stalin** (1878–1953) máximo líder de la Unión Soviética en los años 20 hasta su muerte

estaban escritas en ruso (yo, por si acaso, ni siquiera la probé). Llegaban también grandes paquetes de galletas, y una pasta de berenjena que se untaba sobre pan negro y sabía a demonios, aunque nunca oí a un solo chiquillo quejarse.

5     Muchos de aquellos niños estaban enfermos de tantas privaciones que habían pasado. Pero sus enfermedades no eran sólo del cuerpo. Recuerdo a uno moreno y muy menudo que jamás hablaba. Obedecía todo lo que se le ordenaba, y cuando se le ponía un plato de comida delante lo apuraba sin rechistar,
10 con movimientos mecánicos, igual que una máquina. Pero no había forma de sacarle una palabra. Si le hacíamos alguna pregunta, nos miraba con unos ojos enormes y ausentes, como si las emociones se hubieran apagado en ellos. Permanecía hora tras hora quieto en cualquier rincón, con el pulgar en la
15 boca y la expresión vacía. Insistirle no servía de nada, y una vez que alguien quiso obligarlo a hablar, el chiquillo se tapó la cara con las manos y empezó a gritar como si lo estuvieran matando. Tanto gritó que tuvieron que encerrarlo hasta que se calmara.
20     «Dejadlo tranquilo —nos dijo un miliciano comunista que trabajaba en la evacuación de niños huérfanos—, que bastante tiene el pobre». Después nos contó que aquel niño venía de Málaga y que los facciosos habían fusilado a toda su familia cuando tomaron la ciudad. «Los mataron delante
25 de él, después de reventarlos a culatazos y violar a su madre y a sus hermanas. Al crío lo encontraron vagando solo por los caminos, medio muerto de hambre. Nadie entiende cómo pudo salvarse».

    Miré al pobre chiquillo mientras la pena empezaba a
30 abrasarme por dentro, intentando imaginar lo que habrían

---

1 **por si acaso** aus Vorsicht − 2 **una pasta de berenjena** Auberginenaufstrich − 3 **untar** poner una capa fina de uc sobre el pan − 3 **saber a demonios** tener muy mal sabor − 6 **pasar privaciones** sufrir escasez de las cosas más básicas − 7 **menudo** bajo y delgado − 9 **apurar** *un plato* comérselo todo − 9 **rechistar** protestar − 12 **ausente** con los pensamientos en otra parte − 14 **el pulgar** dedo gordo − 21 **huérfano** sin padres − 25 **reventar a culatazos** golpear brutalmente con la *culata* (Kolbenstoß) − 25 **violar** vergewaltigen − 26 **vagar** caminar sin rumbo o dirección − 30 **abrasar** quemar

visto aquellos ojos enormes y ahora desprovistos de vida. Tanto horror, Dios mío, tanto horror. ¿Cómo podía haber en el mundo tanto horror?

Por entonces nos llevamos un susto grandísimo. A esas
5 alturas de la guerra ya casi habíamos perdido el miedo a que al tío Eliecer fuera a pasarle nada. Por eso, el día que llegó una carta con membrete oficial a su nombre casi nos da un ataque. Mi padre no sabía qué hacer ni a quién acudir para arreglar aquello, y mi madre se pasó todo el santo día repitiendo «ay,
10 Señor, ay, Señor», y no la pudimos sacar de ahí. En la carta, le pedían al tío que se presentara en el Ayuntamiento de inmediato, sin más explicaciones. «Tranquilo —le dijo mi padre—, si fueran a detenerte ya habrían venido por ti. Esta misma tarde hablo con Arturo».

15 Al día siguiente, muy temprano, mi padre y el tío Arturo acompañaron al tío Eliecer al Ayuntamiento. Él caminaba entre los dos con la cara muy pálida, y antes de irse nos dio un beso a todos y nos pidió que rezáramos por él. Y eso estuvimos haciendo durante toda la mañana, porque tardaron
20 muchísimo tiempo en volver. Casi me muero de la impresión cuando, al abrir la puerta, me encontré a un soldado muy alto plantado allí delante. Pero el susto fue mayor aún cuando me di cuenta de que aquel soldado no era otro que el tío Eliecer. El tío Arturo y mi padre venían detrás muy risueños.

25 «Lo han reclutado —nos explicó mi padre—. Pero el coronel nos ha asegurado que, en atención a su edad y su condición de sacerdote, no van a destinarlo al frente». Y así ocurrió. Ahora el tío se ponía su uniforme todas las mañanas y se marchaba a hacer la instrucción, y luego acudía a las oficinas
30 de Intendencia, que estaban en el colegio de los Escolapios, donde trabajaba mecanografiando listas e informes. El uniforme de soldado de la República le sentaba casi mejor que

---

1 **desprovisto de** sin – 7 **un membrete** Briefkopf – 8 **acudir a up** pedir ayuda – 10 **no la pudimos sacar de ahí** *aquí:* no conseguimos tranquilizarla – 20 **de la impresión** del susto – 24 **risueño** contento, alegre – 25 **el coronel** Oberst – 27 **destinar** mandar, enviar – 30 **Intendencia** Intendatur – 30 **un escolapio** Piarist – 31 **mecanografiar** escribir a máquina – 32 **sentar** quedar

la sotana, y a él se le veía orgulloso de llevarlo. Desde ese día el tío estuvo activo y mucho más animado. Seguía diciendo misa en nuestra casa todos los días, pero ya casi nunca se acordaba de confesarnos.

5 En julio del 38, cuando parecía que el final de la guerra era cosa de pocas semanas, el ejército de la República cruzó el río Ebro y atacó a los nacionales con todas las fuerzas que le quedaban. Nadie contaba ya con aquella última ofensiva a la desesperada, y creo que tampoco nadie se alegró, porque 10 sabíamos que lo único que se iba a conseguir con aquello era prolongar la agonía. Todos los brigadistas que quedaban en la ciudad fueron trasladados al frente en pocos días. Resultó muy extraño volver de pronto a la calma de antes, acostumbrados como estábamos a cruzarnos a diario con aquellos bulliciosos 15 extranjeros de uniforme. La ciudad entera se echó a la calle para decirles adiós. Igual que cuando llegaron, hubo un acto multitudinario y muchos discursos rimbombantes. Después los aclamamos mientras desfilaban por las calles principales. Pero luego se montaron en trenes y camiones y se marcharon, 20 mientras nosotros nos quedábamos atrás notando un vacío y una tristeza muy grandes que ya no se disiparon.

Durante los últimos meses, María Luisa había recibido carta de Tom casi todas las semanas. El novio inglés de nuestra niñera había combatido en Belchite y en la toma de Teruel. 25 En su disparatado español le decía a María Luisa que la guerra no era heroica ni romántica, como él esperaba. Le contaba que había visto cosas terribles que le habían hecho desear no haber venido nunca a España, que nadie lo había preparado para tanta atrocidad, y que estaba deseando que todo acabara 30 de una forma o de otra para poder ir a buscarla y llevarla a su país. También le decía otras cosas muy bonitas y muy íntimas, y yo me moría de vergüenza al tener que leérselas, porque la

---

11 **prolongar la agonía** hacer más largo el final – 14 **bullicioso** ruidoso – 15 **echarse** *a la calle* salir – 17 **multitudinario** con muchísima gente – 17 **rimbombante** prunkvoll – 18 **aclamar** gritar y aplaudir una multitud en honor a up – 21 **disiparse** desaparecer – 25 **disparatado** caótico y sin sentido

pobre María Luisa no sabía leer. Nos daba mucha risa la forma
que Tom tenía de escribir, y algunas cosas las teníamos que
repetir tres o cuatro veces antes de encontrarles sentido, como
aquello de: «Mi amar mocho a tu y mirar adelante viendo a tu
5 de nuevo», que era la frase con la que Tom terminaba todas sus
cartas.

María Luisa lloraba sin parar mientras yo leía, sobre todo
cuando Tom le hablaba de todos sus compañeros muertos y
de las muchas calamidades que estaban sufriendo en el frente.
10 Después introducía la carta en el sobre y la estrujaba contra
su cara para cubrirla de besos antes de guardarla junto a las
otras. «Ya falta poco para que la guerra termine —le decía yo
para animarla—. Verás como en un santiamén estáis otra vez
juntos».

15 Pero no fue eso lo que ocurrió. Un día llegó otra carta para
María Luisa, pero la letra no era la de Tom. Ella se dio cuenta,
y mientras me la entregaba para que se la leyera, noté que
la mano le temblaba y que su cara estaba desencajada de
miedo. La carta iba firmada por un compañero de Tom,
20 también inglés, y era muy breve. Decía que el pelotón al que
ambos pertenecían había sido atacado por aviones alemanes
mientras tomaba una posición enemiga cerca de Gandesa,
en la provincia de Tarragona. Muchos de sus compatriotas
habían caído, Tom entre ellos, herido en el vientre por un
25 trozo de metralla. El muchacho había muerto desangrado
en un hospital de campaña, pero antes le había rogado a su
compañero que escribiera la carta que ahora tenía yo en las
manos. «Dile a María Luisa que la quiero con toda mi alma y
que siento mucho no poder llevarla a Liverpool conmigo»,
30 fue lo último que dijo. Ella lloró hasta que no le quedaron
más lágrimas. Las dos lloramos, porque también yo me moría

---

10 **introducir** meter – 10 **un sobre** Umschlag – 10 **estrujar** apretar fuerte – 13 **en un
santiamén** en un abrir y cerrar de ojos – 18 *una cara* **desencajada** cambiada, alterada –
20 **breve** corto – 20 **un pelotón** grupo – 23 **un compatriota** up del mismo país – 24 **el
vientre** Bauch – 25 **la metralla** Kartätschenladung – 25 *morir* **desangrado** por perder
demasiado sangre – 26 de campaña militar – 28 **el alma** *f* Seele

de pena. Desde entonces he pensado muchas veces en aquel muchacho inglés, muerto por una causa perdida en un país que no era el suyo y cuya única recompensa fue una tumba anónima junto al río Ebro.

5     En noviembre el ejército republicano estaba deshecho y los nacionales tenían las manos libres para conquistar lo que quedaba de la España republicana, a la que sólo el miedo a las represalias mantenía en pie de guerra. A finales de febrero del 39 había caído toda Cataluña, y se decía que solamente en
10  Barcelona habían fusilado a miles de personas. Azaña, Negrín y los ministros habían partido hacia el exilio. Los soldados de nuestro ejército se rendían a los vencedores o intentaban cruzar la frontera de Francia. Muchos regresaron a sus pueblos para reunirse con sus familias, pero también los hubo que se
15  echaron al monte y se negaron a rendirse, aun sabiendo que la guerra estaba definitivamente perdida. Se contaba que por las carreteras que llevaban a los pasos fronterizos avanzaba un lento río de refugiados, miles y miles de personas que, cargadas con sus enseres y con su miedo, huían despavoridas
20  de la ira de los vencedores. En cuanto a nosotros, ya sólo nos quedaba esperar.

---

2 **una causa perdida** *fig* una batalla perdida – 3 **una recompensa** premio – 3 **una tumba** lugar donde descansan los muertos – 4 **anónimo** sin nombre – 5 **deshecho** desintegrado – 8 **en pie de guerra** luchando – 10 **Juan Negrín López** (1892–1956) Presidente del Gobierno de la II República entre 1937 y 1939 – 15 **echarse al monte** huir de los pueblos y ciudades – 15 **negarse a** no querer – 15 **aun sabiendo** *aquí:* a pesar de que sabían – 17 **un paso fronterizo** lugar por donde se cruza la frontera – 19 **los enseres** *mpl* utensilios y muebles – 19 **despavorido** muerto de miedo – 20 **la ira** Wut – 20 **un vencedor** → vencer ≠ perdedor

# 19

La guerra duró dos años y medio y a la vez duró una eternidad. O al menos ésa era la sensación que yo tenía, quizá porque era aún una cría y es sabido que para los niños el tiempo pasa despacio. Sí, fueron sólo dos años y medio. Y sin
5 embargo, cuando me quedo a solas y repaso lo que ha sido mi vida, me doy cuenta de que la inmensa mayoría de mis recuerdos son de aquellos días, como si la guerra me hubiera arrebatado todo lo demás. Y lo que me viene siempre a la memoria es una sucesión de cosas oscuras: la oscuridad del
10 pan negro, la oscuridad de las calles cuando las farolas se apagaban por miedo a los ataques aéreos, la oscuridad del sótano de mi tío Antonio aquella noche en que las bombas estuvieron cayendo hasta la madrugada, la oscuridad que crecía en los rostros y en los corazones.

15 Muchas veces, durante aquellos primeros meses del año 39, yo pensaba en mi mala suerte al haberme tocado crecer en el peor de los tiempos, en un país que agonizaba de aquella manera dolorosa y atroz. «¿Qué va a ser de nosotros? —me preguntaba, mientras el ejército de Franco estrechaba el
20 cerco—. ¿Va a parecerse nuestra vida en algo a la de antes?». Pero, por mucho que intentara mirar hacia el futuro, lo único que veía ante mí era un largo y negro túnel sin la menor insinuación de luz al otro extremo.

De momento nos estaban dejando en paz. Parecía que con
25 la marcha de las Brigadas Internacionales nuestra ciudad hubiera quedado sepultada en el olvido. Por aquellos días la mayoría de las autoridades y políticos se habían ido, y la

---

1 **una eternidad** espacio de tiempo muy largo − 5 **repasar** volver a mirar − 7 **arrebatar** quitar o tomar uc con violencia − 8 **venir a up uc a la memoria** recordar − 9 **una sucesión** conjunto, serie − 13 **una madrugada** amanecer − 16 **haberme tocado** *aquí:* haber tenido que − 17 **agonizar** luchar un enfermo entre la vida y la muerte − 18 **doloroso** con dolor − 18 **atroz** cruel e inhumano − 19 **estrechar el cerco** den Ring enger schließen − 23 **una insinuación** *aquí:* señal − 25 **una marcha** → marcharse − 26 **sepultado en el olvido** que nadie se acuerda de él

guarnición militar había huido dejando la ciudad abierta a la ocupación de las tropas nacionales. Podría decirse que nadie mandaba allí, que nos había dejado solos, abandonados a nuestra suerte. Pero no por eso se veía desorden en las calles.

5 La gente se quedaba en sus casas y esperaba, y supongo que lo que en nuestra familia era miedo en otras era impaciencia. De momento, durante aquellos días en que la ciudad no fue de nadie, las calles se veían tan desiertas como al principio de la guerra, durante la «Semana Fascista». «Es curioso —recuerdo

10 haber pensado—cómo los principios pueden parecerse tanto a los finales».

El tío Arturo vino una tarde de mediados de marzo para ver a mi padre. Tenía los ojos enrojecidos, como si llevara noches enteras sin dormir, y nunca antes lo habíamos visto tan

15 trastornado como aquel día. Mi padre y él se encerraron para hablar en el despacho. Al principio parecían calmados, pero después sus voces subieron de volumen y ambos empezaron a gritar como si estuvieran peleándose. Mis hermanos jugaban en el corral. Mientras tanto, mi madre y yo esperábamos juntas

20 en la cocina muertas de preocupación. Allí estuvimos lo que nos parecieron horas, hasta que el tío salió del despacho como una tromba y vino a buscarnos.

—Escuchadme las dos —nos dijo muy agitado, casi sin aliento—. He intentado convencer a Eloy de que tiene que

25 venir conmigo. Mi chófer nos llevará hasta Alicante, donde hay un barco a punto de zarpar rumbo a Argel. Desde allí será fácil llegar a México. El Gobierno mexicano está acogiendo a muchos exiliados de la República. Tenemos que irnos. Aquí ya todo está perdido y corremos un riesgo enorme.

---

1 **una guarnición** Besatzung – 3 **abandonar a up a su suerte** dejar completamente de ocuparse de up – 6 **la impaciencia** ≠ paciencia – 13 **enrojecido** → rojo – 15 **trastornado** inquieto, alterado – 20 **muerto de preocupación** muy preocupado – 21 **como una tromba** como un torbellino – 23 **sin aliento** sin aire que respirar – 26 **zarpar** *un barco* **rumbo a** salir en dirección a – 26 **Argel** Algier – 28 **un exiliado** up que se marcha al exilio

Mi madre miraba al tío con ojos desorbitados y abría y cerraba la boca sin acertar a decir nada. Yo sólo podía pensar que no quería que mi padre nos dejara. Entonces apareció él por la puerta. Parecía tranquilo, aunque su semblante tenía 5 una expresión muy triste.

—Yo no me voy, Arturo —dijo al entrar—. No soy un delincuente ni tengo motivos para huir. Y es mi última palabra.

—Ya lo habéis oído —dijo el tío Arturo con gesto desesperado—. El muy cabezota piensa que los fascistas lo van 10 a dejar en paz. Eloy, por lo que más quieras, ya te he hablado de la Ley de Responsabilidades Políticas… —entonces se volvió otra vez hacia nosotras—: Franco ha hecho una ley para perseguir a todos los que hemos pertenecido al Frente Popular. Ejecución o cárcel. Es lo único que nos espera aquí.

15 Mi madre lloraba en silencio y se cubría la cara con las palmas de las manos. Ya no quería escuchar. Mi padre se sentó junto a ella y empezó a acariciarle el pelo.

—Puede que corra algún peligro —dijo—. Pero yo, al fin y al cabo, no he robado ni he matado a nadie, ni tampoco he 20 hecho nada por lo que me puedan juzgar. Lo he hablado con mi hermano David, y él también va a quedarse. Además, no pienso dejar aquí a mi familia.

—Por favor, Eloy —dijo el tío resoplando—. Mandaremos a buscar a nuestras familias cuando nos hayamos establecido allí. 25 Y no esperes que los fascistas vayan a perdonarte. La represión ha sido terrible y lo seguirá siendo durante mucho tiempo. Y puede que el exilio sea sólo temporal. Todo el mundo dice que está a punto de estallar una guerra en Europa. Alemania e Italia tienen los días contados, y el régimen de Franco caerá 30 con ellas. Vámonos, Eloy, no puedo esperarte más.

---

1 **con ojos desorbitados** mit weit aufgerissenen Augen – 2 **sin acertar a decir nada** sin conseguir hablar – 4 **un semblante** cara – 7 **un delicuente** criminal – 9 **desesperado** verzweifelt – 9 **un cabezota** que no cambia de opinión aunque quieran convencerlo de otra cosa – 13 **perseguir** verfolgen – 14 **una ejecución** muerte – 15 **en silencio** sin hacer ruido – 17 **acariciar** tocar suavemente – 24 **establecerse** encontrar una casa – 27 **temporal** ≠ para siempre – 29 **tener los días contados** faltar poco tiempo para su fin

Los dos se miraron en silencio durante unos segundos que nos parecieron horas, hasta que por fin mi padre apretó los labios y negó firmemente con la cabeza. Yo habría querido decirle que se fuera, que se pusiera a salvo y que ya nos 5 apañaríamos. Pero fui una egoísta y guardé silencio, porque me daba mucho miedo que nos dejara solos. Al tío Arturo le relucían los ojos. «Adiós», nos dijo. Y su despedida sonó como una disculpa. Entonces los dos hombres se pusieron de pie y se abrazaron. Después el tío nos dio un beso a mi madre y a 10 mí, y se marchó. Al cabo de unas semanas supimos que había conseguido llegar a México sano y salvo. Nunca lo volvimos a ver.

Aunque la decisión de mi padre era firme y él no tenía la menor intención de exiliarse, entre todos nos las apañamos 15 para convencerlo de que no era prudente que estuviera en casa cuando los nacionales entraran en la ciudad. Costó mucho trabajo, porque él seguía insistiendo en que no había hecho nada para salir huyendo como un criminal. Pero al fin accedió a los ruegos de mi madre y del resto de la familia, y una 20 mañana de principios de marzo guardó algo de ropa en una maleta y se marchó a casa de unos parientes que vivían en una aldea. «Volveré cuando las cosas se calmen —nos prometió—. Y no os preocupéis, que no va a pasarme nada».

El día 28 cayó Madrid sin lucha. El día 29, a media mañana, 25 empezamos a oír un gran clamor en la calle. A escondidas de mi madre, me asomé por las ventanas del comedor para echar un vistazo. Pasaban muchas camionetas cargadas de soldados nacionales, entre los que había también moros e italianos. Los soldados gritaban, cantaban y agitaban banderas 30 que ya no eran de tres colores, sino sólo amarillas y rojas, como las que había cuando estaba el rey. Aquellos soldados no se diferenciaban en nada de los de la República, y a mí,

---

2 **apretar los labios** cerrar la boca con fuerza – 3 **negar** decir que no – 3 **firme** sin mostrar dudas – 7 **relucir** brillar – 15 **prudente** no correr riesgos innecesarios – 19 **acceder a** hacer lo que otro quiere de ti – 19 **un ruego** súplica, petición – 25 **un clamor** gritos confusos de muchísima gente – 25 **a escondidas de** up sin que up lo vea o lo sepa – 27 **echar un vistazo** mirar un momento

acostumbrada como estaba a ver pasar militares por la calle, apenas me dieron miedo. Lo que sí me asustó fue ver la enorme cantidad de gente que los recibía y aclamaba. Algunos de ellos eran nuestros vecinos, a quienes yo conocía muy bien.

5 Los mismos que pocas semanas antes levantaban el puño al paso de los brigadistas y cantaban *La Internacional*, saludaban ahora al ejército de Franco con el brazo en alto. Aquello me entristeció, pero también me llenó de preocupación, pues pensé que a partir de entonces no podríamos fiarnos de nadie.

10 Ese mismo día, mientras mi madre y su hermana murmuraban rosarios en la cocina, me encontré a mi abuela María caminando por el pasillo en dirección a la puerta. La pobre estaba ya tan transparente y desvanecida que apenas era visible, y yo me avergoncé al pensar lo poco que había ido 15 a visitarla en los últimos tiempos.

—Pero ¿qué hace usted aquí, abuela? —le pregunté muy sorprendida, pues ella nunca salía de su habitación.

—Me voy, Maruja —me contestó sin detenerse. Caminaba hacia la puerta de la calle muy despacio, con pasitos cortos y 20 silenciosos.

—Y ¿adónde va usted a ir? —le dije no muy segura de querer oír su respuesta—. Pero si ni siquiera ha terminado su labor de ganchillo.

Entonces ella se detuvo y se volvió hacia mí. La miré y me 25 pareció que la veía a través de una espesa niebla. La expresión de su rostro era de una tristeza enorme.

—Me voy antes de que me echen —insistió—. Además, aquí ya hay demasiados muertos.

Las palabras de mi abuela me dejaron muda y no supe qué 30 contestarle, de modo que fue ella la que habló: —Sabes que van a pasar cosas muy malas, ¿verdad? —me dijo.

---

5 **al paso de** *aquí:* cuando pasaban − 9 **fiarse de** confiar − 13 **desvanecido** que está desapareciendo − 14 **visible** que se puede ver − 14 **avergonzarse** sich schämen − 19 **un pasito** *dim* distancia entre un pie y otro al andar→ paso − 25 **espeso** ≠ claro − 29 **mudo** que no puede hablar

Yo asentí notando que se me formaba un nudo en la garganta.

—Sé fuerte. Y ayuda a tu madre. Vendrán tiempos mejores.

Y entonces volvió a girarse y se alejó despacio, fundiéndose poco a poco con la penumbra del pasillo. Mi hermana Angelita pasó mucho tiempo llorando cuando fue a la habitación del fondo de la casa y descubrió que su «yaya» secreta se había ido.

---

1 *formarse* **un nudo en la garganta** no poder hablar a causa de una emoción muy fuerte – 4 **fundirse** mezclarse

# 20

Resultó que la paz no era muy distinta de la guerra, o al menos eso me pareció a mí durante aquellos primeros días de abril del 39, que fue el mes de la victoria de Franco. Según el tío Antonio, las cárceles estaban tan llenas como antes, aunque ahora hubieran cambiado sus ocupantes. Los nacionales estaban deteniendo a tanta gente que al principio tuvieron que llevárselos a la plaza de toros mientras buscaban un sitio permanente para encerrarlos. Por las calles seguían pasando desfiles sin parar, igual que durante la guerra. Puede que los que desfilaban fueran distintos, pero los que los ovacionaban desde la acera eran los mismos de antes.

Nosotros no salimos de casa en varios días. Vivíamos entre el miedo y la esperanza de que, como mi padre había dicho, no fuera a ocurrir nada, pues lo cierto era que pasaban los días y nadie venía a preguntar por él. Los parientes que nos visitaban decían que en la ciudad se respiraba una especie de euforia, una alegría desbordada que yo quise pensar que se debía a que los nacionales hubieran entrado de forma pacífica, porque me resistía a creer que las personas pudieran cambiar tanto de la noche a la mañana. La gente no parecía cansarse de ovacionar a los soldados, de saludarlos con el brazo en alto y de cantar el *Cara al sol*. Y abundaban las camisas azules. De hecho, a mí me parecía que había muchas más que antes de la guerra. También empezaron a verse curas con sotana, que era una imagen que casi teníamos olvidada. Supongo que al tío Eliecer no le pesó cambiar el uniforme del ejército republicano por su sotana de siempre, y no es difícil imaginar su felicidad el día que salió de casa y pudo ir a una iglesia para decir misa.

---

5 **un ocupante** up que está en un lugar – 22 **abundar** ≠ escasear – 25 **pesar uc a up** sentir pena por

Mi padre nos hizo llegar una carta desde la aldea donde estaba escondido. Nos decía que no nos preocupáramos, que los tíos habían estado haciendo gestiones en su nombre y que, por lo visto, los que ahora mandaban no tenían nada en contra
5 suya. Como medida de precaución, pensaba quedarse en el campo algún tiempo más, pero estaba seguro de que muy pronto podría volver y todo sería como antes.

Yo me esforcé mucho por creer lo que mi padre decía, tanto me esforcé que casi lo conseguí, y un buen día me animé a salir
10 de casa para echarle un vistazo a aquella «nueva España» que nos había caído encima de golpe y porrazo. Al pasar frente a la casa del notario Torres, vi que estaban volviendo a meter los muebles, y me alegré de que mis amigas y su familia hubieran recuperado lo que les habían quitado durante la guerra.
15 Entonces los vi venir a todos por la acera: mis amigas Juanita y Encarna, que habían crecido mucho desde la última vez que me las encontré y eran ya unas señoritas; su madre, y un señor muy pálido y muy delgado al que tuve que mirar dos veces antes de reconocer como el notario. Todos pasaron frente a
20 mí como si yo no existiera y entraron en el portal de su casa. Pero, antes de cerrar la puerta, Encarna se dio la vuelta y me miró con un desprecio enorme, mientras sus labios formaban silenciosamente la palabra *roja*. Quise marcharme a mi casa corriendo, porque me sentí incapaz de contener las lágrimas,
25 cuando de pronto vi que un falangista venía en mi dirección. Era Paquito. Estaba moreno y mucho más fornido que cuando se fue, como si se hubiera hecho más hombre durante los años de la guerra. Llevaba el pelo engominado y muy estirado hacia atrás, y a mí me pareció que estaba más guapo que nunca. El
30 corazón empezó a latirme con fuerza cuando vi que Paquito me sonreía y se dirigía hacia mí.

—¡Maruja! —me dijo—. ¡Cuánto tiempo!

---

3 **hacer gestiones** Schritte tun – 5 **una medida de precaución** Vorsichtsmaßnahme –
8 **esforzarse** sich bemühen – 11 **de golpe y porrazo** de repente – 22 **un labio** Lippe –
26 **fornido** robusto y fuerte – 28 **engominado** con fijador de pelo – 28 **estirado** gezogen

Yo entonces me sentí muy tonta, porque no sabía qué contestar.

—Me alegro mucho de que hayas vuelto —acerté a decir por fin—. Acabo de ver a tu familia. Todos estáis bien, ¿verdad?

5 La expresión de Paquito se endureció.

—A mi padre han estado a punto de matarlo en la cárcel. Pero ha aguantado porque sabía que la victoria iba a llegar antes o después. Cualquier día de éstos vuelve a abrir la notaría. Y además lo han hecho jefe de calle —entonces hizo
10 una pausa antes de seguir—: Pero dime, Maruja, tu padre, ¿cómo está?

Tragué saliva cuando lo miré y vi que su sonrisa de antes ahora era más bien una mueca, y que acariciaba sin parar la culata de la pistola que llevaba colgada del cinturón.

15 —Está bien —dije con un hilo de voz.

—Mi padre me ha pedido que haga algunas averiguaciones. Parece que a unos cuantos vecinos de esta calle no se les ve el pelo desde hace semanas, entre ellos al señor Eloy. ¿Tú no podrías decirme por dónde para?

20 Me di la vuelta y corrí. Corrí tanto que el corazón se me quería salir por la boca cuando llegué a mi casa. Mi madre me preguntó qué me pasaba. Yo me encerré en mi cuarto para que no me viera llorar.

Estábamos ya en mayo y seguían sin venir por mi padre. «Ya
25 verá usted —le decía yo a mi madre—, va a ser verdad que no tienen nada contra él y que nos van a dejar en paz». Se lo dije muchas veces, pero la pura verdad es que yo era la primera en no creer mis palabras, y menos aún desde mi encuentro con Paquito. No dejé de notar que con frecuencia se veía a gente
30 extraña rondando por las inmediaciones de mi casa, hombres de mala catadura sin otro quehacer que pasarse las horas

---

3 **acertar a** conseguir – 5 **endurecerse** ponerse serio → duro – 12 **la saliva** Speichel –
13 **una mueca** gesto anormal de la cara – 16 **hacer averiguaciones** hacer las gestiones
necesarias para saber uc – 17 **vérsele el pelo a up** poder ver a up – 19 **por dónde para** por
dónde está – 20 **con el corazón en la boca** con gran ansiedad y cansancio – 30 **rondar** dar
vueltas – 30 **las inmediaciones** los alrededores – 31 **de mala catadura** de mal aspecto –
31 **un quehacer** tarea, trabajo

muertas parados en la esquina. Y además estaban deteniendo a mucha gente con quien mi padre tenía trato, como a don Pablo, un señor de Huesca que venía mucho a verlo. Nos dijeron que le habían quitado su casa y su negocio, y que su mujer se había
5 quedado en la calle. Yo creo que tenían a tantos en la lista que no les daba tiempo para llevárselos a todos. Aunque no había más que asomarse por la ventana para darse cuenta de que, más tarde o más temprano, íbamos a verlos aparecer.

Muchos días los falangistas sacaban a los presos rojos para
10 exhibirlos por la calle y hacerlos servir de escarmiento. Los llevaban esposados y con el pelo cortado al rape, y al llegar a algún sitio concurrido los hacían pararse y cantar el *Cara al sol*, o los obligaban a contestar al saludo de «¡arriba España!» con el brazo en alto. Yo temblaba de miedo al verlos, porque
15 pensaba que lo mismo podía ocurrirle a mi padre. Pero seguían sin venir.

Él nos hacía llegar una carta tras otra desde su escondite. En ellas decía que nos echaba mucho de menos y que no podía quedarse más tiempo en el campo cruzado de brazos. Ahora
20 que la guerra había terminado, necesitaba empezar a ganarse otra vez la vida, y quería viajar a Barcelona para intentar recuperar algunas de las representaciones que tenía antes. Mi madre siempre le contestaba que no tuviera prisa, que todo estaba aún muy confuso y que más valía no precipitarse. Pero
25 él se empeñaba en decir que no tenía miedo porque no había hecho nada por lo que pudieran detenerlo, como si en aquellos días hiciera falta un motivo para mandar a alguien a la cárcel o al paredón. Pero mi padre era un hombre muy obstinado, y cuando se le metía algo en la cabeza no había quien se lo
30 sacara, de modo que a los pocos días se nos plantó en casa con su maleta bajo el brazo.

---

2 *tener* **trato** relación, amistad – 10 **exhibir** mostrar en público – 10 *servir de* **escarmiento** ejemplo que no hay que seguir → escarmentar – 11 **al rape** muy corto – 12 **concurrido** con mucha gente – 19 **cruzado de brazos** sin hacer nada – 24 **precipitarse** actuar rápidamente y sin pensarlo bien antes – 28 **mandar al paredón** fusilar – 28 **obstinado** terco, cabezota – 29 **metérsele a up uc en la cabeza** etw in den Kopf setzen – 30 **sacar de la cabeza** aus dem Kopf schlagen

A mi madre casi le dio un ataque cuando lo vio entrar por la puerta. «Ay, Dios mío —decía sin parar—. Pero ¿a quién se le ocurre? ¿Estás bien? ¿Te ha visto alguien?». Yo salté de alegría al ver a mi padre en casa, pero enseguida me di cuenta
5 de la enorme imprudencia que había cometido. Temí que en cualquier momento aporrearan la puerta y aparecieran los hombres de las pistolas, como aquel primer día de la guerra cuando vinieron a detener al tío Arturo. Pero esta vez hubo suerte, porque aunque mi padre se había presentado en pleno
10 día y sin ocultarse, al parecer nadie lo había visto. Él estaba empeñado en salir a la calle de inmediato. Decía que tenía gestiones que hacer y clientes a los que visitar. A fuerza de pedirle y suplicarle, entre mi madre y yo conseguimos que se quedara mientras pensábamos en algo. También mis hermanos
15 ayudaron a hacerle olvidar la insensatez de dejarse ver por las calles. Y hasta Angelita, con su media lengua y unos pucheros que partían el alma, puso su granito de arena.

Acordamos que se quedara escondido algún tiempo más hasta ver qué pasaba. Él quería quedarse en casa con nosotros.
20 Por fin, después de mucha discusión, aceptó irse a la casa de al lado, donde vivían mis abuelos maternos y la tía Rosario, la hermana soltera de mi madre. El abuelo Paco, que era un hombre muy gruñón, protestaba sin parar: «¿Quién te mandaba a ti meterte en politiqueos y líos? Ya sabía yo que ibas a acabar
25 por buscarnos la ruina a todos». Mi padre miraba a su suegro con expresión afligida, como disculpándose, y yo hubiera querido decirle al abuelo Paco que lo dejara en paz, que bastante tenía él y todos como para encima tener que soportar

3 **saltar de alegría** ponerse muy contento – 5 *cometer* **una imprudencia** no tener cuidado – 6 **aporrear** golpear con fuerza – 10 **al parecer** allem Anschein nach – 12 **a fuerza de pedirle** después de mucho pedirle – 13 **suplicar** rogar, pedir con insistencia – 15 **una insensatez** locura, imprudencia – 16 **un puchero** lloro – 17 **partir el alma** dar mucha pena – 17 **poner un granito de arena** *loc* ayudar, colaborar – 20 **aceptar** ≠ rechazar – 21 **materno** de parte de la madre – 23 **gruñón** que siempre se queja y protesta – 24 **meterse en** sich einmischen – 24 **politiqueos y líos** *despect* política – 26 **afligido** triste – 28 **encima** además

sus regañinas. Pero no le dije nada, porque por entonces a las personas mayores nunca se les llevaba la contraria.

A mi padre lo escondieron en una alcoba que tenía dos puertas. La principal la cubrieron con un gran armario, y por
5 la otra, que daba a un oscuro pasillo, le llevábamos la comida y todo lo que necesitaba. Yo sabía que aquel escondite no iba a engañar a nadie, que cuando se presentaran a buscarlo lo iban a encontrar sin ninguna dificultad. Pero aún seguía, como todos nosotros, aferrándome a aquella ínfima esperanza de
10 que no vinieran nunca por él y nos dejaran seguir con nuestra vida de antes.

Creo que fue por aquellos días, mientras teníamos a mi padre escondido, cuando pusieron las cartillas de racionamiento. La escasez era tan enorme que para conseguir comida ya no
15 bastaba con poder pagarla, y tuvieron que empezar a racionar lo poco que había. Las cartillas eran unos talonarios con cupones que había que recoger en las oficinas de Abastos, porque sin ellos no se podía comprar alimentos. Había una por familia, y era obligatorio llevarla siempre a la tienda de
20 ultramarinos que te habían asignado. Allí te daban la ración que te tocaba para la semana: tanto de pan, tanto de lentejas, tanto de boniatos ... Entonces te sellaban los cupones que habías gastado y con eso debías arreglarte hasta la semana siguiente. Si no tenías bastante, la única solución era ir al estraperlo.
25 Los estraperlistas tenían ya sus locales fijos, que eran como tiendas, sólo que había de todo y no tenían escaparate ni anuncios en la puerta. Cobraban lo que les parecía, porque sabían que la mayoría de la gente no tenía otra alternativa para no morirse de hambre. Ahora se comían cosas que antes de
30 la guerra se tiraban a la basura: las mondas de las patatas, las

1 **una regañina** *Esp* → reñir − 9 **ínfimo** pequeñísimo − 13 **una cartilla de racionamiento** Bezugsschein − 15 **racionar** controlar el consumo − 16 **un talonario de cupones** Kuponheft − 17 **un abasto** provisión de alimentos y cosas necesarias − 19 **obligatorio** ≠ opcional − 19 **de ultramarinos** de alimentos − 20 **asignar** zuweisen − 21 **tocar** ser asignado − 22 **sellar** marcar con un sello − 23 **arreglarse** *aquí:* tener suficiente − 25 **un estraperlista** *m* vendedor del mercado negro − 26 **un escaparate** ventana de una tienda donde se exponen productos − 27 **un anuncio** publicidad, reclamo − 30 **una monda** *de patata* piel

pieles de plátano, las cáscaras de cacahuete … Las algarrobas, que antes se las daban a los cerdos, se habían convertido en el alimento principal. Hasta el chocolate se hacía con algarrobas, aunque aquello ni era chocolate ni se le parecía. De pronto
5 la ciudad entera se llenó de mendigos, y no se podía salir a la calle sin que te salieran al paso media docena de personas para pedirte limosna: «Señorita, una caridad». Ya muchos se les veía la vergüenza en la cara, porque hasta que vino la guerra a destrozarles la vida eran gente normal que mantenía a su
10 familia con su trabajo. Se murmuraba que los bares del barrio chino estaban llenos de mujeres que tenían que prostituirse para mantener a su familia. Y mientras ocurrían estas cosas, los estraperlistas nadaban en la abundancia, y también los funcionarios del nuevo régimen gracias a los sobornos que
15 cobraban por hacer la vista gorda. Aunque por entonces yo aún no sabía nada de todo esto. Lo único que yo sabía era lo mal que lo estábamos pasando y el miedo que teníamos, y me preguntaba qué habría sido de nosotros si no nos mandaran comida de vez en cuando, porque con la cartilla no nos llegaba
20 para nada. Y todo eso nos pasaba por ser la familia de un rojo.

El día del Corpus mi madre nos dio permiso a mis hermanos y a mí para ir a ver la procesión. Vinieron también mi hermana Angelita y María Luisa, la niñera, que aún lloraba todos los días en secreto a su brigadista muerto. Estuvimos esperando un
25 buen rato bajo el sol hasta que pasó el Santísimo Sacramento. Abriendo la procesión desfilaba una centuria de falangistas al son de las trompetas y los tambores, y detrás venían los jefes provinciales del Movimiento, con sus chaquetas blancas y sus condecoraciones, sus yugos y sus flechas. También

---

1 **una cáscara de cacahuete** Erdnussschale – 1 **una algarroba** Johannisbrot – 7 **pedir limosna** betteln – 7 **una caridad** *aquí:* un poco de dinero – 8 **la vergüenza** Schamgefühl – 9 **destrozar** destruir, romper – 13 **nadar en la abundancia** *loc* ser rico – 14 **un funcionario** up que trabaja para el Estado – 14 **un soborno** dinero ilegal que se recibe por hacer un favor – 19 **no llegar para nada** *aquí:* no poder comprar casi nada – 21 **Corpus** Fronleichnam – 25 **el Santísimo Sacramento** das Heilige Sakrament – 26 **una centuria** conjunto de cien – 27 **al son** al ritmo – 29 **una condecoración** Orden

los militares y unas señoras con teja y mantilla que eran sus esposas. Y en medio de tantos uniformes, la pobre Custodia, que parecía que se la llevaran presa. Yo la miré muy fijamente, casi desvanecida bajo el ardiente sol del mediodía, y le rogué a
5 Dios que no le pasara nada a mi padre y que permitiera que las cosas volvieran a ser como antes, cuando vivíamos tranquilos y en paz con todo el mundo, y él no tenía que esconderse como si fuera un bandido.

A la hora de comer, cuando volvimos a casa, nos extrañó
10 mucho encontrar la puerta abierta, y más aún la agitación que se oía desde dentro. Se había reunido allí la familia al completo y todos tenían la misma cara que el día del velatorio de mi abuela. Mi madre sollozaba abrazada a su hermana Rosario. «¿Qué ha pasado?», pregunté, aunque adivinaba cuál iba a ser
15 la respuesta. Oí de pronto una exclamación ahogada que venía del despacho y acudí a ver qué ocurría. Mis dos hermanos miraban allí asombrados un cartel que alguien había fijado con chinchetas en la pared, sobre el escritorio de mi padre. Lo miraban igual que si fuera una aparición, aunque en realidad
20 era sólo una gran fotografía del Caudillo, como ahora llamaban al general Franco. Yo también me quedé embobada, con la vista fija en el cartel y sin entender qué sentido tenía todo aquello, qué habíamos hecho nosotros para merecernos aquel dolor. «Por favor —empecé a rogarle al hombre de la fotografía sin
25 darme cuenta—, mi padre es una buena persona, no le haga usted daño». Él me devolvía la mirada y guardaba silencio, y durante un instante me pareció sorprender una sonrisa torcida en su cara.

---

1 **una teja** Aufsteckkamm – 1 **una mantilla** Schleier – 2 **la Custodia** Hostienbehälter –
4 **desvanecido** desmayado, que ha perdido el conocimiento – 4 **ardiente** que quema
mucho, → arder – 8 **un bandido** ladrón – 10 **una agitación** nerviosismo, movimiento –
12 **un velatorio** Leichenwache – 13 **sollozar** → sollozo – 18 **una chincheta** Reißnagel –
18 **un escritorio** mesa para escribir – 19 **una aparición** fantasma – 20 **el Caudillo** nombre
por el que se conocía a Franco – 21 **con la vista fija** sin dejar de mirar – 23 **merecer**
verdienen – 27 **torcido** ≠ recto

# 21

Mis padres se conocían desde siempre. Y no lo digo por exagerar, porque resulta que ellos dos eran primos hermanos, y para poder casarse tuvieron que pedir una dispensa eclesiástica. Según me contó mi madre, todo el mundo les decía que no lo
5 hicieran, que las bodas entre primos eran pecado y que Dios los castigaría haciendo que los hijos les nacieran tontitos. Pero a Dios no debió de parecerle muy mal su matrimonio, ya que ni yo ni mis hermanos salimos más tontos que la mayoría de la gente, y la única cosa que nos distinguía de los demás era
10 tener dos apellidos iguales. Mis padres habían pasado toda la vida juntos, y ahora tenían que separarse por primera vez de aquella forma tan espantosa. Creo que el mismo día que se llevaron a mi padre detenido mi madre empezó a hacerse vieja. De la noche a la mañana la vimos encanecer y encorvarse.
15 Vimos cómo empezaba a vestir de negro, igual que una viuda, y cómo ya nunca le apetecía salir a la calle porque le dolía esto o aquello, o sencillamente porque no estaba de humor para nada. También fue ese mismo día cuando yo me convertí de sopetón en una persona adulta, una mujer de casi 16 años con
20 tres hermanos pequeños, una madre que no paraba de llorar y un padre que estaba encerrado en la cárcel por rojo.

Aunque la verdad es que no lo llevaron a la cárcel desde el principio. La primera noche la pasó en los calabozos del Ayuntamiento, donde encerraban provisionalmente a todos
25 los recién detenidos; después, supongo que mientras le hacían sitio en la cárcel, lo trasladaron al sótano de un caserón confiscado que no estaba lejos de donde vivíamos. Fueron el

---

2 **un primo hermano** hijo de un hermano de mis padres – 3 **una dispensa eclesiástica** permiso de la Iglesia – 5 **una boda** ceremonia donde dos personas se casan – 6 **castigar** → castigo – 6 **tontito** *dim* tonto – 7 **un matrimonio** unión de una mujer y un hombre – 8 **salir** *aquí:* nacer – 9 **distinguir** ≠ diferenciar – 14 **encanecer** crecerle a up canas, pelo blanco – 14 **encorvarse** ≠ ponerse derecho o recto – 18 **de sopetón** de repente – 23 **un calabozo** lugar donde se encierra a los detenidos – 24 **provisional** ≠ para siempre – 25 **recién** *detenidos* que acaban de ser (detenidos)

tío Antonio y el tío Miguel quienes nos contaron estas cosas, porque a mi casa jamás vino nadie a dar explicaciones ni llegó una sola carta oficial. Recuerdo que el mismo día que lo detuvieron intentamos verlo en el calabozo y no nos dejaron
5 pasar. Había allí un guardia muy gordo que nos miró con un desprecio enorme, como si fuéramos la madre y la hija de un criminal peligroso. Luego nos echó con cajas destempladas, «porque los detenidos estaban incomunicados y no se les podía ver».
10 Mi tío Antonio, que tenía conocidos en Falange, tuvo que pedir algunos favores para que nos dejaran visitarlo. Habían pasado por lo menos 10 días desde el Corpus, y lo único que mi madre hacía era llorar y preguntarse qué iba a ser de nosotros sin mi padre. Casi tuve que gritarle para obligarla a reaccionar.
15 Por último, pusimos algo de comida dentro de una cesta y nos fuimos a verlo.

La casa donde lo tenían era un viejo edificio de dos pisos, con una fachada sombría y casi desmoronada por la humedad. El principal había sido habilitado como oficina, por lo que
20 había muchos escritorios para los policías y falangistas que trabajaban allí. Mi madre y yo, muertas de miedo, fuimos hacia un mostrador de madera y nos quedamos esperando en medio del humo del tabaco y el estrépito de las máquinas de escribir. Y mientras, aquellos hombres hablaban a gritos
25 y fumaban, y nadie parecía hacernos ningún caso. Por fin, cuando llevábamos allí más de media hora sin atrevernos a abrir la boca, un hombre de uniforme se acercó al mostrador y nos espetó: «¿Qué tripa se os ha roto a vosotras?».

Las dos dimos un paso atrás intimidadas mientras el guardia
30 nos miraba con el ceño fruncido. Por fin, acerté a decir con un

---

7 **con cajas destempladas** *loc* con malos modales – 18 **una fachada** *de un edificio* parte que da a la calle – 18 **sombrío** oscuro, con poca luz – 18 **desmoronado** que se está cayendo – 22 **un mostrador** mueble alargado que separa al cliente de la persona que lo atiende – 28 **espetar** decir uc desagradable bruscamente – 28 **¿Qué tripa se os ha roto a vosotras?** *aquí:* Was zum Teufel suchen Sie hier? – 29 **intimidado** asustado

hilo de voz que éramos la mujer y la hija de Eloy Cebrián, a quien tenían detenido allí, y que habíamos venido a verlo.

—¿Os creéis que esto es el Gran Hotel? —dijo el guardia con muy malos modos—. Aquí no hay visitas que valgan. Hala,
5 desfilando para la puerta.

Entonces yo me acerqué muy despacio y le entregué la carta de recomendación que habíamos conseguido por medio del tío Antonio. El guardia torció el gesto con fastidio, pero por fin abrió el sobre y leyó la carta entre gruñidos. «Esperar aquí»,
10 dijo. Y se acercó a uno de los hombres de camisa azul que estaban sentados en los escritorios.

—Esas dos tías de ahí —oímos que le decía— son la mujer y la hija de uno de los rojos del sótano. Piden verlo. Y traen recomendación.

15 El falangista leyó la carta por encima y luego hizo un gesto de aprobación con la cabeza.

—Vosotras, venir por aquí —nos gritó el policía.

Y nos hizo seguirlo por una escalera muy estrecha que bajaba hasta el sótano del edificio.

20 El lugar estaba en penumbra, iluminado solamente por la luz que se colaba a través de unas pequeñas claraboyas. Había una gran reja, y detrás de ella se adivinaban las sombras de muchos hombres que estaban sentados en el suelo o apoyados contra las paredes. Se oían ronquidos y toses, pero todos guardaban
25 silencio. El olor era insoportable. Apestaba a sudor y orines. Y a cosas aún peores. Mi madre gimió al ver aquello, y yo me cubrí la nariz y la boca con la mano para contener una arcada.

---

4 **que valgan** fórmula que refuerza la negación – 4 **hala** nur los! – 5 **desfilando** yendo –
6 **entregar** dar – 8 **con fastidio** molesto – 9 **entre gruñidos** murmurando entre dientes,
mostrando disgusto – 12 **una tía** *coloq* mujer – 15 **por encima** ≠ detenidamente – 16 **una**
**aprobación** asentimiento ≠ rechazo, ≠ negación – 21 **colarse** entrar, pasar – 21 **una**
**claraboya** ventana hecha en el techo – 22 **una reja** Gitter – 22 **adivinarse** *aquí*: poder
verse – 24 **un ronquido** ruido que hacen algunas personas al dormir – 25 **insoportable**
que no se puede aguantar o soportar – 25 **apestar** hacer muy mal olor – 25 **el orín** pipí –
26 **gemir** expresar pena y dolor con la voz – 27 **una arcada** náusea, vómito

—Mira lo delicadas que nos han salido las señoras —se burló entonces el guardia. Y después me dijo que abriera la cesta para que pudiera comprobar lo que había dentro.

—Cebrián —gritó por fin, satisfecho con su inspección—. Sal, que tienes visita.

Después murmuró: «Cinco minutos», y desapareció por el umbral que conducía al piso superior.

Una de las sombras se separó lentamente de la pared y se acercó a la reja.

—¡Eloy! —exclamó mi madre mientras se abalanzaba contra los barrotes—. ¿Cómo estás? ¿Qué te han hecho?

Incluso en la penumbra de aquel sótano podía apreciarse el mal aspecto que tenía mi padre. Había perdido tanto peso que la ropa le empezaba a quedar holgada. Iba desaliñado, con barba de varios días y el pelo en desorden. Y cuando estuvo cerca de nosotras, pude darme cuenta también de lo mal que olía. Aquel hombre no parecía mi padre, y yo di un paso hacia atrás sin poder evitarlo.

Él nos miró a las dos con los ojos muy abiertos y enrojecidos, como si hubiera pasado mucho tiempo en vela o llorando, o ambas cosas a la vez.

—Pero Eloy, ¿qué te pasa? —insistió mi madre, porque mi padre se había quedado a dos pasos de la reja y no parecía dispuesto a acercarse más. Parecía desorientado, perplejo. Y entonces me fijé en que tenía un gran moratón en la mejilla y restos de sangre seca en la ceja izquierda.

—¡Padre! ¿Le han pegado?

Él se acercó por fin y vimos que lloraba.

—No me pasa nada, no os preocupéis —dijo mientras tomaba los alimentos que mi madre le entregaba a través de los barrotes—. ¿En casa estáis todos bien?

Le dijimos que sí.

---

1 **nos han salido** *aquí:* son – 3 **comprobar** revisar, examinar – 4 **una inspección** supervisión, revisión – 7 **un umbral** Türschwelle – 10 **abalanzarse** lanzarse o arrojarse – 11 **un barrote** barra de metal de una reja – 12 **apreciar** ver – 20 **en vela** sin dormir – 24 **desorientado** confuso – 25 **un moratón** mancha oscura en la piel producida por un golpe – 26 **una ceja** Augenbraue

—Dentro de poco me llevan a la cárcel—mi padre bajó la vista con vergüenza—. Allí podréis venir a verme con más facilidad. Ahora es mejor que os vayáis. Éste no es sitio para vosotras.

5 Después se giró lentamente para alejarse, y yo casi tuve que arrastrar a mi madre para poder sacarla de aquel espantoso sótano.

El día de San Antonio se llevaron a mi padre a la cárcel, y desde entonces pudimos visitarlo allí todos los miércoles. La
10 primera vez vinieron también mis hermanos. A Angelita la dejamos en casa, porque mi madre dijo que era muy pequeña para entender lo que estaba pasando (como si los demás pudiéramos entenderlo). Tuvimos que esperar mucho tiempo delante de la cárcel, que estaba en las afueras, al lado de la
15 vía del tren. El muro que la rodeaba era oscuro y enorme, y sobre él había garitas con guardias armados. Nos apiñamos ante la puerta, junto a otras mujeres y niños que eran también esposas e hijos de presos republicanos. Por fin abrieron, y como si fuéramos un rebaño nos condujeron a través de
20 un lóbrego laberinto de pasillos hasta la sala de visitas, que era una gran habitación alargada con rejas a ambos lados y una especie de corredor en el centro por el que se paseaban los guardias para vigilar que no se les entregara nada a los presos. De pronto se abrió una puerta al otro lado y ellos
25 fueron entrando en fila india. Cuando vimos a mi padre, nos apretamos contra las rejas para poder hablar con él, pero todo el mundo gritaba y el pasillo que nos separaba era tan ancho que no se podía entender nada. Lo encontramos algo más entero que cuando lo vimos en el sótano del caserón, aunque
30 igual de flaco y desaseado. Pero al menos ahora se las arregló para tranquilizarnos con una sonrisa y, medio gritando medio por gestos, nos dio a entender que se encontraba mejor. Desde

---

2 **una vista** mirada – 6 **arrastrar** tirar de, llevar a up por el suelo – 16 **una garita** Torwache – 19 **un rebaño** grupo de animales – 20 **lóbrego** oscuro, tenebroso – 25 **en fila india** uno detrás de otro – 29 **entero** sano – 30 **flaco** delgado ≠ gordo – 30 **desaseado** sucio y sin peinar

nuestro lado, mi madre se desgañitaba para explicarle que toda la familia estaba haciendo gestiones para que lo soltaran. Pero él todo era decir: «¿Qué?, ¿cómo?», y abocinar la mano tras la oreja sin comprender casi nada, de tan grande que era 5 allí la confusión. Mi hermano Gabriel y yo le gritamos que lo echábamos de menos en casa, y él sonreía y movía la cabeza diciendo que sí, aunque yo creo que no oía nada de lo que le decíamos. Mientras tanto, Paco permanecía mudo y miraba con cara asustada a toda aquella gente que hablaba a gritos 10 y hacía gestos frenéticos, y a aquel hombre que estaba al otro lado de las rejas y que tan poco se parecía a nuestro padre. Enseguida salieron los guardias para echarnos. «Pero si no hemos podido decirle nada», se quejaba mi madre, llorosa. Mis pobres hermanos estaban muy impresionados. Paco 15 lloriqueaba, y a Gabriel se le veía tan serio como si hubiera madurado varios años de repente. «Los chicos no vienen más», decidió mi madre tan pronto como llegamos a casa. Y ninguno de mis dos hermanos dijo una palabra de protesta.

Aunque sólo podíamos ver a mi padre los miércoles, yo iba 20 a la cárcel a diario para llevarle la comida. Podríamos haber mandado a la Anica a hacer el recado, pero prefería ir yo misma, por mucho que me doliera acudir cada día a aquel sitio espantoso y sufrir las miradas de desprecio de los guardias. Al fin y al cabo, ¿qué otra cosa podía hacer por mi padre salvo 25 llevarle la comida? Así que por la mañana me presentaba en la cárcel con mi cesta y se la entregaba a un guardia, a la vez que recogía la del día anterior. Procurábamos llevarle siempre lo mejor que se podía encontrar, todo bien guisado y guardado en su cacerolita, y así nos las arreglamos para que mi padre 30 ganara peso y conseguimos que su aspecto mejorara un poco.

---

3 **abocinar la mano** poner la mano detrás de la oreja para poder oír mejor – 10 **frenético** excitado, agitado – 13 **lloroso** que llora – 15 **madurar** hacerse mayor – 21 **hacer un recado** etw erledigen – 22 **acudir** ir – 24 **salvo** excepto – 28 **guisado** cocinado – 29 **una cacerolita** *dim* recipiente para cocinar → cacerola – 30 **ganar peso** engordar – 30 **mejorar** → mejor

Mientras tanto, la familia estaba llamando a todas las puertas para intentar que alguien con influencia intercediera por mi padre y por mi tío David, que había sido detenido por los mismos días que él. En quien más confianza teníamos era en
5 el tío Eliecer, porque los curas se habían convertido en gente muy influyente en el nuevo régimen, pero el pobre llevaba ya un sinfín de gestiones hechas sin el menor resultado. «Nadie quiere escuchar», se lamentaba con gesto de impotencia. Y cada vez nos hacíamos más a la idea de que lo de mi padre iba
10 para largo.

No recuerdo si durante aquellos días llegamos a pensar, aunque fuera una sola vez, que podían condenarlo a muerte. De lo que estoy completamente segura es de que aquello nunca se mencionó, al menos delante de mí o de mi madre.
15 Pero las dos sabíamos que estaban fusilando a mucha gente, que docenas de personas que habían colaborado con la República eran juzgadas cada día, y que muchos acababan delante del pelotón, tanto si eran culpables de algo como si no. Me imagino que aquel pensamiento monstruoso convivió con
20 nosotras durante semanas, pero no puedo acordarme, como si mi memoria hubiera enterrado el recuerdo en el rincón más oscuro de mi cabeza.

Muy poco después de que se llevaran a mi padre, empezaron a confiscarnos todo lo que teníamos. Primero nos quitaron la
25 máquina de escribir, y a los pocos días volvieron y se llevaron todos los muebles del despacho. Algunos de aquellos hombres vestían uniformes de Falange y otros iban de paisano. Mi madre los llamaba «testaferros», pero para mí, que no entendía esa palabra, eran mucho peores que los ladrones.
30 Venían a cualquier hora, igual les daba que fueran las siete de la mañana que las 12 de la noche. Muchas veces mi madre

---

1 **llamar a una puerta** pedir ayuda – 2 **interceder** mediar por otro – 6 **influyente** → influencia – 7 **un sinfín de** una cantidad innumerable – 8 **la impotencia** sentimiento de no poder hacer nada – 9 **hacerse a la idea** sich mit einer Vorstellung anfreunden – 9 **ir para largo** que va a durar mucho – 12 **condenar** verurteilen – 19 **convivir** vivir con – 21 **enterrar el recuerdo** olvidar – 28 **un testaferro** Strohmann

tenía que echarse una bata por encima del camisón y abrirles la puerta, porque si no eran capaces de tirarla abajo. Entonces teníamos que levantarnos todos para que pudieran registrar sin estorbos. Y mientras nos ponían la casa patas arriba, 5 nosotros nos quedábamos en un rincón, muertos de miedo, mis hermanos lloriqueando y yo temblando de frío y de rabia. Pero para aquellos individuos no éramos más que la familia de un rojo y no les importaba lo que pudiéramos sentir, de modo que seguían entrando y saliendo de las habitaciones como si 10 la casa fuera suya, haciendo ruido con sus botas, abriendo de mala manera los armarios y cajones, vaciando las estanterías y el escritorio de mi padre. De vez en cuando se acercaban con algún libro o algún objeto de adorno y le preguntaban a mi madre: «¿Esto es de su propiedad?». Así una y otra vez. Mi 15 madre asentía y bajaba la vista roja de vergüenza, y yo habría querido decirles que todo lo que había en aquella casa era de nuestra propiedad, porque allí los únicos ladrones que había eran ellos. Recuerdo que siempre sacaban el mismo libro de la estantería del despacho, uno de láminas muy bonito que se 20 llamaba *Tesoro del arte universal*. «¿Esto es de su propiedad?», repetían cada vez, como si no les cupiera en la cabeza que una familia de rojos pudiera poseer un objeto tan hermoso como aquél.

El día que se llevaron el despacho se presentó con ellos 25 Paquito, el hermano de mis amigas, con aires de ser el que más mandaba de todos. A mi madre ni la miró. Se entretuvo vaciando los armarios de la ropa y tirando todas las prendas al suelo. Después se sentó en el sillón de mi padre y puso los pies sobre el escritorio. Yo lo estuve observando todo el 30 rato mientras se comportaba de ese modo, y me sorprendí de que aquel animal me hubiera parecido guapo alguna vez,

---

1 **una bata** Morgenrock – 1 **un camisón** prenda que sirve para dormir – 2 **tirar abajo una puerta** romperla – 4 **poner uc patas arriba** desordenar uc completamente – 10 **de mala manera** sin tener cuidado – 11 **un cajón** Schublade – 11 **vaciar** ≠ llenar, → vacío – 19 **una lámina** dibujo, ilustración – 20 **un tesoro** uc de mucho valor – 21 **no caber en la cabeza** no poder imaginarse – 22 **poseer** tener – 25 **con aires de ser uc/up** creyendo que él mismo es uc/up – 26 **mandar** decir a los otros lo que tienen que hacer

porque lo único que me inspiraba ahora era asco. Recordé aquella tarde durante la Feria, poco antes de que empezara la guerra, en la que mi padre lo puso en evidencia delante de sus camaradas falangistas. «¿No te da vergüenza?», habría querido
5 decirle yo también, igual que mi padre aquel día. Pero me mordí la lengua para no empeorar las cosas. Él me miraba con una sonrisa cruel, sin quitar los pies del escritorio donde mi padre trabajaba. «Más vale que vayáis haciendo la maleta», me dijo. Después se puso de pie, gritó «¡arriba España!» y se echó
10 a reír. Al cabo de un rato, cargaron con todos los muebles del despacho y los subieron a un camión. «Ya va siendo hora de que devolváis algo de lo que habéis robado», fue lo último que Paquito nos dijo antes de marcharse.

A finales de julio nos echaron de nuestra casa. El tia Antonio
15 nos había avisado el día anterior, y eso porque tuvimos suerte y un conocido suyo de Falange le advirtió de lo que iba a pasar. Apenas nos dio tiempo para guardar nuestra ropa y cuatro cosas más e irnos a casa de mis abuelos. «Lo que nos faltaba —gruñó mi abuelo Paco—. Éramos pocos y parió la burra».
20 Además de mis abuelos, allí vivían el tío Miguel y la tía Rosario, que eran los dos solteros. Con nosotros cinco ya éramos nueve, y aunque la casa era grande, resultaba incómoda para tanta gente. A mi abuelo Paco todo le molestaba: si hablábamos, nos mandaba callar; si mis hermanos hacían ruido, los reñía,
25 y ay de ellos si rompían algo jugando, porque entonces ponía el grito en el cielo y los perseguía por toda la casa para darles una zurra. Mi madre lloraba de día y de noche encerrada en su cuarto, y entre su llanto y las protestas constantes de mi abuelo yo creía que iba a volverme loca. Por suerte, mi abuela
30 Ángela era una mujer cariñosa y paciente, y además estaba

---

1 **inspirar** provocar, causar – 3 **en evidencia** en ridículo – 6 **morderse la lengua** callarse a pesar de desear hablar – 6 **empeorar** ≠ mejorar → peor – 8 **más vale que** es mejor que – 10 **cargar con** llevarse – 16 **advertir** avisar, comunicar – 19 **éramos pocos y parió la burra/la abuela** *iron* ya éramos demasidos y ahora todavía viene más gente – 24 **reñir** ausschimpfen – 25 **ay de ellos** wehe ihnen – 25 **poner el grito al cielo** quejarse por estar enfadadísimo – 26 **dar una zurra** pegar – 30 **cariñoso** dulce, amoroso

acostumbrada a poner al abuelo en su sitio. «Cállate de una vez —le decía cuando lo oía gruñir—, que ya tienen bastante desgracia los pobres para encima tener que aguantar a un viejo regañón como tú». Entonces mi abuelo Paco la miraba
5 avergonzado y con suerte nos dejaba tranquilos un rato. Aunque otras veces, supongo que para justificar su mal humor, le daba por lamentarse de lo mucho que le dolía todo. «Ay, Ángela —decía—. Qué lástima que ya nos hemos hecho viejos». Y mi abuela siempre le contestaba: «Pues no haber nacido tan
10 pronto, puñeta».

En nuestra casa pusieron unas oficinas del Movimiento. De un día para otro nuestro hogar se llenó de camisas azules y fotografías de Franco y de José Antonio. La casa de mis abuelos estaba justo al lado, pared con pared, así que muchas
15 veces oíamos a los falangistas hablar en voz alta y reírse. A mí siempre me parecía que se reían de nosotros, y no conseguía pasar por delante de mi casa sin notar un pinchazo de odio hacia aquella gentuza. «¡Ojalá os muráis todos!», murmuraba, apretando los puños. Y luego pensaba en mi abuela María,
20 que había visto lo que se le venía encima y había sabido irse a tiempo. A mí también me habría gustado irme muy lejos de aquella ciudad, que hasta pocos meses antes era la capital de la libertad y ahora se había convertido en un nido de ratas. Pero ¿adónde podía ir yo, pobre de mí? Mi único consuelo era evitar
25 la puerta de mi casa, aunque eso me obligara a dar un rodeo enorme. Cualquier cosa con tal de no ver el escudo del yugo y las flechas que habían colgado de nuestro balcón.

A mi padre nunca le contamos que nos habían quitado la casa, pues no queríamos darle más preocupaciones. El
30 tío Antonio nos había dicho que su juicio podía celebrarse cualquier día y estaba buscando gente dispuesta a declarar a su

---

1 **poner a up en su sitio** hacer ver a up lo que puede hacer y lo que no – 2 **gruñir** quejarse para mostrar disgusto → gruñido – 4 **regañón** que riñe o regaña – 10 **puñeta** verdammt – 17 **un pinchazo** Stich – 18 **la gentuza** *despect* gente – 23 **un nido de ratas** lugar lleno de personas despreciables – 24 **un consuelo** Trost – 25 **obligar** zwingen – 25 **dar un rodeo** tomar un camino más largo – 29 **dar preocupaciones** preocupar – 31 **declarar** aussagen

favor. Cuando nos dejaban verlo en la cárcel, mi padre parecía tranquilo, pero se notaba que en su calma escondía mucha tristeza, por más que se hubiera resignado a aceptar su suerte como algo inevitable. Mi madre lloraba y se hacía un poco
5 más vieja con cada lágrima. Y yo, a mis casi 16 años, estaba empezando a darme cuenta de hasta qué punto la guerra había arruinado nuestra vida. De esta forma llegó el mes de julio del 39, año de la Victoria. El aniversario del Glorioso Alzamiento Nacional se celebró a bombo y platillo. Mis hermanos querían
10 salir de casa para ver los fuegos artificiales, pero mi madre no les dejó. Entonces ellos empezaron a protestar.

«A callar los dos —les dije, muy en mi papel de hermana mayor—. Nosotros no vamos porque no tenemos nada que celebrar.

---

3 **la suerte** destino – 4 **inevitable** que no se puede evitar – 8 **el Glorioso Alzamiento Nacional** golpe de Estado contra el gobierno de la II República el 17 y el 18 de julio de 1936, cuyo fracaso parcial condujo a la Guerra Civil Española – 9 **a bombo y platillo** con exagerada publicidad – 10 **unos fuegos artificiales** *mpl* cohetes de colores

# 22

Lo juzgaron un día cualquiera de finales de julio, sin previo aviso, sin darnos tiempo para prepararnos o llevar testigos. Yo había ido a la cárcel con mi cesta bajo el brazo, como todas las mañanas. Pero cuando llegué me dijeron que el preso Cebrián
5 no estaba. «¿Adónde se lo han llevado?», pregunté, notando que las piernas me flaqueaban. «Al juzgado». Salí corriendo de la cárcel. Corrí tanto que el corazón me golpeaba dentro del pecho como un tambor. La gente se volvía a mirar a aquella muchacha que corría como si la persiguieran con una cesta
10 bajo el brazo. Pero a mí no me importaba que me miraran. Sólo podía pensar en llegar a tiempo, porque no quería dejar a mi padre solo mientras dictaban su sentencia. Ni siquiera se me ocurrió pasar antes por mi casa para avisar. «Dios mío, haz que llegue a tiempo. Dios mío, haz que llegue a tiempo».
15 Y mientras yo corría, la cesta iba dando saltos bajo mi brazo, y una de las cacerolas salió despedida derramando su contenido por la calle. Pero yo no me detuve, ni entonces ni cuando el guardia que había en la puerta del juzgado me echó el alto, porque ni siquiera lo vi.
20     —¡Que te pares he dicho! —oí gritar de pronto. La voz había sonado a mi espalda como un ladrido.

El guardia se acercó a mí.

—¿Dónde te crees tú que vas?

Intenté contestarle, pero la larga carrera me había dejado sin
25 aliento y durante unos segundos no pude articular palabra.

—Van… a juzgar… a mi padre —pude decir por fin entre jadeos.

—¿Y qué hay en la cesta?

---

1 **sin previo aviso** sin comunicarlo antes – 2 **un testigo** Zeuge – 4 **un preso** up que está en la cárcel → prisión – 6 **un juzgado** lugar donde se juzga o procesa a up – 12 **dictar sentencia** decidir si up es culpable o inocente – 15 **dar saltos** hüpfen – 16 **salir despedido** salir volando – 16 **derramar** vertir, tirar – 16 **un contenido** *aquí:* comida – 18 **echar a up el alto** pedir a up que se detenga – 21 **un ladrido** voz de perro – 25 **articular** pronunciar, decir – 26 **entre jadeos** respirando con dificultad (por el cansancio)

Le expliqué que era la comida que le llevaba a la cárcel todos los días.

—La comida me la puedes dejar a mí —dijo el guardia—, porque igual a tu padre ya no le va a hacer falta.

5 —¡No! —contesté, aferrando el asa de la cesta con las dos manos—. Es para mi padre.

El guardia se encogió de hombros y me indicó que podía seguir.

La sala del tribunal era muy grande y muy bonita, con 10 mármoles y relieves de color dorado. Detrás del juez estaba la nueva bandera bicolor con el águila y una gran foto de Franco. Entré con mi cesta, intentando llamar la atención lo menos posible. De todos modos, había tanta gente que difícilmente se habría fijado nadie en mí. Busqué en vano un sitio para 15 sentarme, porque entre la carrera y el miedo las piernas me temblaban. Al final tuve que contentarme con apoyar la espalda contra un trozo libre de pared. El calor y el gentío me provocaron una enorme sensación de ahogo. Noté todo mi cuerpo empapado en sudor y temí desmayarme, de modo que 20 procuré respirar hondo para recuperar la serenidad.

Yo no tenía forma de saber si mi padre había sido juzgado ya. Tampoco comprendía del todo lo que estaba ocurriendo, ni pensaba que un juicio pudiera celebrarse con tanta rapidez. Los presos entraban en grupos de 10 o de 15, todos esposados 25 y custodiados por guardias. Los hacían sentarse en dos grandes bancos que había ante la mesa del juez. Entonces el secretario leía un nombre en voz alta y el preso correspondiente tenía que ponerse en pie. Lo que seguía era visto y no visto. El secretario leía los cargos con tanta rapidez que resultaba casi

---

5 **aferrar** coger con mucha fuerza – 5 **un asa** *f* lugar por donde se coge una cesta –
7 **indicar** comunicar – 9 **un tribunal** Gericht – 10 **un relieve** Relief – 10 **un juez** up que
juzga – 11 **bicolor** de dos colores – 11 **un águila** *f* Adler – 14 **en vano** inútilmente –
16 **contentarse** conformarse, darse por satisfecho – 17 **un gentío** *ms* mucha gente – 18 **un
ahogo** falta de aire – 19 **empapado** completamente mojado ≠ seco – 20 **la serenidad**
calma, tranquilidad – 21 **no tener forma de saber** no poder averiguar – 25 **custodiado**
acompañado (para que no huya) – 28 **ponerse en pie** levantarse – 28 **visto y no visto** que
ocurre muy rápido – 29 **un cargo** Anklage, Beschuldigung

imposible entender lo que decía. A continuación, el fiscal pedía que el acusado fuera declarado culpable, y el juez, con gesto aburrido, condenaba al preso y dictaba la pena. Todo eso no duraba mucho más de cinco minutos. Estuve presenciando 5 aquello durante dos horas, y en todo ese tiempo no oí ni una sola absolución. La mayoría de las condenas eran de cárcel, pero se dictaron también muchas penas de muerte. Algunas veces, cuando esto pasaba, el preso caía desfallecido o se oían gritos y súplicas en la sala hasta que los guardias sacaban a 10 empellones a los familiares.

Cada pena de muerte minaba un poco más mis fuerzas, hasta que estuve segura de que ya no podía aguantar más aquel horror. Me disponía a salir de allí cuando, con el siguiente grupo de presos, trajeron a mi padre dentro de la 15 sala. Y entonces ocurrió un milagro, porque aunque yo estaba en el último rincón, escondida detrás de toda la gente que abarrotaba aquel lugar, mi padre se dio cuenta de mi presencia y se quedó mirándome con los ojos como platos. Su sorpresa al verme allí debió de ser muy grande, porque tuvieron que 20 empujarlo para que se sentara. Y después todo era girarse para buscarme, como si no pudiera creerse que su hija hubiera ido allí sola para presenciar su juicio. Yo le sonreía y asentía con la cabeza para intentar tranquilizarlo, pero mi propio miedo era tan grande que los dientes me entrechocaban y llegué a temer 25 que los que había cerca de mí oyeran el ruido. Empezaron otra vez los juicios, y mientras tanto cerré los ojos y recé para que al menos no lo mataran, pues por entonces ya sabía que no iban a declararlo inocente. Oía las voces del secretario y del

---

1 **un fiscal** abogado del Estado – 2 **un acusado** up que es juzgada de un delito – 2 **declarar culpable** decidir el juez que up es culpable – 3 **condenar** verurteilen – 3 **dictar pena** das Urteil fällen – 4 **presenciar** observar lo que está pasando – 6 **una absolución** decidir el juez que up es inocente – 6 **una condena** → condenar – 7 **la pena de muerte** condenar a up a morir – 8 **desfallecido** desmayado – 9 **una súplica** ruego, petición – 10 **a empellones** empujando con fuerza – 11 **minar** disminuir, destruir – 13 **disponerse a** estar a punto de – 17 **abarrotar** llenar completamente – 18 **con los ojos como platos** muy abiertos (por la sorpresa) – 20 **todo era girarse** *aquí:* todo el rato se giraba – 24 **entrechocar** chocar uc contra otra

fiscal como un zumbido distante, y después la voz del juez me sonaba como un pistoletazo mientras dictaba una pena de muerte tras otra. Todos los presos del grupo de mi padre estaban siendo condenados a muerte, y él hacía el número 11.

5 Cuando oí pronunciar su nombre, abrí los ojos y presté toda mi atención a lo que se decía, pues quería mantener intacto aquel recuerdo durante el resto de mi vida. El secretario seguía leyendo a toda velocidad, pero incluso así me las arreglé para enterarme de que mi padre estaba siendo acusado de 10 haber militado en un partido de izquierda, de defender ideas peligrosas y de haber celebrado reuniones en su domicilio con elementos significados del Frente Popular. Dijeron que mi padre había contribuido a «propagar la subversión roja», y lo acusaron de haberse opuesto al «Glorioso Alzamiento 15 Nacional». También mencionaron varias veces su relación de amistad y parentesco con el «conocido rojo y masón Arturo Cortés, huido de la justicia», como si ése fuera el peor crimen del que podían acusarlo. Todo eso dijeron de mi padre, mi pobre padre, quien jamás en su vida le había hecho daño a 20 nadie. En esos momentos empezaron a zumbarme los oídos y dejé de entender lo que decían. No pude enterarme de la petición de pena del fiscal. Sólo cuando empezó a hablar el juez comprendí claramente la palabra *culpable*. Después lo oí condenar a mi padre a 12 años y un día de cárcel. Entonces 25 noté que me estaba ahogando, porque llevaba mucho rato conteniendo el aliento. Mi suspiro de alivio fue tan grande que debieron de oírlo en toda la sala, y yo casi me muero de vergüenza al ver que mucha gente se había vuelto hacia mí y me miraba.

---

2 **un pistoletazo** ruido del disparo de una pistola – 4 **hacer** *aquí:* ser – 11 **un domicilio** casa – 12 **elementos significados** *aquí:* personas importantes – 13 **contribuir** colaborar, ayudar – 13 **propagar** extender, transmitir a muchas personas y lugares – 13 **una subversión** rebelión – 14 **oponerse** estar en contra – 16 **la amistad** relación con un amigo – 16 **de parentesco** de familia – 16 **un masón** Freimaurer – 20 **zumbar** *los oídos* sentir un ruido continuado y sordo – 22 **una pena** Strafe – 26 **contener el aliento** no respirar

En mi casa no querían creer que el juicio de mi padre se había celebrado ya y que yo había estado presente. Me dijeron que lo había soñado todo, y hasta que el tío Antonio no fue al juzgado y volvió con una copia de la sentencia, no se dieron
5 cuenta de que les estaba diciendo la verdad. «Pero si no nos han dejado llevar a nadie a declarar», se lamentaba mi madre. Pero el tío decía que eso no importaba ahora, y que las influencias que habían movido debían de haber dado resultado, porque la sentencia podía haber sido mucho peor. Mi madre lo miraba
10 sin acabar de comprender, tal vez preguntándose qué podía haber peor que pasar 12 años sin su marido. Pero yo, que había estado en el juicio de mi padre y en muchos otros, sabía que realmente podíamos considerarnos afortunados.

Las tres o cuatro veces que vimos a mi padre durante el
15 mes siguiente se convirtieron en una larga despedida, pues sabíamos que muy pronto se lo iban a llevar a otro sitio. Él parecía tranquilo y conforme con su suerte. Nos pedía calma y nos aseguraba que todo se iba a solucionar antes o después. A mí me decía una y otra vez que ayudara a mi madre en
20 todo lo que pudiera y que cuidara de mis hermanos. Y yo, como siempre a grito pelado, le contestaba que sí, que no se preocupara de nada, que cuando lo soltaran se iba a encontrar todo igual. Y después le decíamos que lo queríamos mucho y nos echábamos a llorar sin ninguna vergüenza, porque nos
25 habíamos acostumbrado a hablar con mi padre rodeadas de personas extrañas.

Y llegó septiembre. Aquel año se celebró la primera Feria desde la del año 36, aquella «Feria de la Libertad» en la que aprendimos a cantar *La Internacional*. Entonces las fiestas no
30 habían sido alegres, como tampoco lo fueron ahora, porque la gente no podía olvidarse de su hambre ni de sus familiares presos, ni de todos los muertos y el dolor que la guerra había

---

2 **celebrar** *un juicio* tener lugar – 2 **estar presente** presenciar – 4 **una sentencia** Urteilsspruch – 17 **conforme** resignado

dejado a su paso. La cabalgata de apertura la encabezaban enormes carteles de Franco y José Antonio, y detrás de ellos desfilaron centenares de falangistas en apretadas filas. Parecía que de pronto nuestra ciudad se había vuelto la más fascista de
5 toda España, como si hubiera que purgar los muchos pecados cometidos durante la guerra.

Por entonces supimos que los alemanes acababan de invadir Polonia y que los ingleses y franceses les habían declarado la guerra. Hitler tenía por fin la guerra que andaba buscando
10 desde hacía tanto tiempo, pero aquí nadie quería saber nada de nada, que bastante habíamos tenido con la nuestra. Y eso por no hablar de la paz de Franco, que estaba siendo todavía peor.

Justo después de aquella Feria que tan poco disfrutamos fue
15 cuando se llevaron a mi padre. Nos enteramos por casualidad, y tuvimos el tiempo justo para acudir a la estación para decirle adiós. Los presos estaban ya en el andén, todos con los grilletes puestos y apiñados junto al gran montón que formaban sus macutos. El guardia a quien pedimos permiso
20 para despedirnos de mi padre debía de ser un buen hombre, porque le dejó separarse del grupo para hablar con nosotros. Después de besarnos a todos, mi padre nos contó que se lo llevaban a un pueblo de Badajoz que se llamaba Castuera, donde habían construido un campo para presos republicanos
25 como él. «Sed fuertes —nos dijo—, que antes de que os deis cuenta ya estaré de vuelta». A mis hermanos les pidió que estudiaran mucho y nos obedecieran, y recuerdo que Angelita lloró cuando mi padre se agachó para darle un beso, porque era aún muy pequeña y lo extrañaba después de no haberlo visto
30 durante tantos meses. Él estaba haciendo un esfuerzo enorme

---

1 **a su paso** tras de sí – 1 **una cabalgata** desfile – 1 **una apertura** inicio de una celebración – 1 **encabezar** ir delante (de un desfile) – 3 **una fila** Reihe – 5 **purgar** büßen – 7 **invadir** ocupar, tomar – 8 **declarar la guerra** den Krieg erklären – 17 **un andén** lugar donde la gente sube y baja del tren – 18 **unos grilletes** *mpl* Fußschellen – 19 **un macuto** mochila de tela fuerte que usan los militares – 24 **un campo** *para presos* Lager – 26 **estar de vuelta** haber regresado – 28 **agacharse** sich bücken – 29 **extrañar a up** echar de menos

por mostrarse entero y confiado ante nosotros, pero no podía evitar que los ojos le relucieran y el labio inferior le temblara. La campana anunció que el tren estaba a punto de llegar, y los guardias obligaron a mi padre a tomar su macuto y formar una fila con los demás presos. Poco después, todos agitábamos frenéticamente las manos mientras lo hacían subir a un vagón y desaparecía de nuestra vista. Yo había estado aguantándome las lágrimas todo el tiempo, porque ya me consideraba una mujer y quería darles a mis hermanos ejemplo de fortaleza. Pero en aquel momento, mientras veía cómo el tren se llevaba a mi padre lejos de nosotros, no pude contenerme más y me lancé hacia los brazos de mi madre para llorar.

1 **entero** fest – 1 **confiado** lleno de confianza – 2 **inferior** de debajo, ≠ superior – 3 **anunciar** avisar – 7 **aguantar las lágrimas** luchar para no llorar – 9 **la fortaleza** cualidad de ser fuerte (moralmente) – 11 **contenerse** aguantar

151

# 23

A principios del siguiente otoño mis hermanos hicieron el examen de ingreso para el instituto. Paco había cumplido 10 años y le tocaba por edad. A Gabriel, que tenía 12, la guerra le había hecho perder los dos cursos que el instituto había
5 permanecido cerrado. Los dos aprobaron sin problemas. Daba gusto verlos la mañana que fueron a clase por primera vez, con sus trajes grises, sus corbatas y sus chalecos azul marino de punto, tan repeinados y guapos como dos soles. Gabriel iba muy serio, sosteniendo sus libros y su plumier debajo del
10 brazo, pero Paco pegaba saltos sin poder evitarlo, porque con el ingreso en el instituto se habían librado de una vez por todas de don Julián y de los horrores de su academia. Me asomé al balcón para mirarlos mientras se marchaban, muy orgullosa de tener dos hermanos que ya iban al instituto, pero me puse
15 triste enseguida al pensar que mi padre no estaba allí para verlos.

Pasaban los meses y apenas había noticias de mi padre. Sabíamos que seguía en ese campo de prisioneros al que lo habían llevado, pero no teníamos la menor idea de las
20 condiciones en que allí vivía. Corrían rumores de que los prisioneros republicanos estaban siendo tratados con mucha crueldad, pero yo prefería no escucharlos, y por supuesto jamás le hablé de aquello a mi madre, que seguía encerrada en casa llorando todo el día. Creo que fue poco antes de Navidad
25 cuando recibimos la primera carta de mi padre, pero resultó decepcionante comprobar que sólo podíamos leer unas pocas líneas, porque el resto de la carta no había pasado la censura

---

2 **un ingreso** admisión – 3 **le tocaba** *aquí:* tenía que ir – 4 **permanecer** estar – 5 **aprobar** pasar un curso, ≠ suspender – 8 **de punto** gestrickt – 8 **repeinado** con el pelo muy bien puesto, muy peinado – 8 **guapo como un sol** guapísimo – 9 **sostener** tener cogido, aguantar – 9 **un plumier** caja con cosas para escribir – 10 **pegar saltos** hochspringen – 11 **librar** liberar – 11 **de una vez por todas** para siempre – 18 **un prisionero** preso → prisión – 22 **la crueldad** Grausamkeit – 26 **decepcionante** que produce desilusión o decepción

del campo y estaba tachado con tinta negra. En la parte que habían respetado, mi padre nos decía que se encontraba bien de salud y de ánimos, y muy poco más. La letra era sin duda la suya, pero tan temblorosa y débil que me angustié muchísimo
5  cuando la vi.

Mientras tanto seguían los juicios y las detenciones. Al tío David, el hermano de mi padre, lo habían condenado a 20 años y estaba prisionero en otro campo cerca de Ciudad Rodrigo. Cada día nos enterábamos de que alguien que conocíamos
10  había ido a parar a la cárcel. En aquellos días la gente vivía con el miedo en el cuerpo, pensando que en cualquier momento podían venir a buscarlos. La ciudad había permanecido durante toda la guerra en zona republicana, de modo que a casi todos se les podía encontrar alguna culpa. Abundaban
15  los delatores, gente que tenía alguna cuenta que saldar y denunciaba por puro rencor. Había quienes les exigían dinero a sus vecinos a cambio de no contar que habían colaborado con los rojos, y quienes se inventaban acusaciones casi por capricho, solamente para ver entre rejas a cualquiera que no
20  les cayera bien. Yo no creo que la guerra nos hiciera peores. Fueron los años de la posguerra los que nos envilecieron.

El hambre y la miseria eran tan grandes que ya no se podía pensar en otra cosa excepto sobrevivir. Nuestros parientes que vivían en el campo nos contaban que en algunos pueblos
25  la situación se había vuelto desesperada. La gente se moría de hambre y de frío. Todo se comía, desde las mondas de las patatas hasta las hierbas que crecían al borde de los caminos. Estaban desapareciendo también los perros y los gatos, y hasta los lagartos y culebras empezaban a escasear. Cualquier cosa

1 **tachado** marcado de tal manera que ya no se puede leer – 3 **de ánimos** de fuerza (moral) – 4 **tembloroso** que tiembla – 4 **angustiarse** preocuparse mucho, sentir miedo – 10 **ir a parar a** terminar en – 15 **un delator** up que denuncia a otra – 15 **tener una cuenta que saldar** eine offene Rehnung mit jmdm haben – 16 **denunciar** contar cosas a la policía para que detenga a up – 18 **una acusación** → acusar – 18 **por capricho** nach Lust und Laune – 20 **caer bien** ser simpático – 21 **una posguerra** tiempo después de una guerra – 21 **envilecer** volver malo y despreciable – 23 **sobrevivir** no morir – 27 **una hierba** planta muy pequeña – 27 **un borde** lado – 29 **un lagarto** große Eidechse – 29 **una culebra** serpiente

que se moviera servía para aliviar el hambre. Los burros y mulas estaban siendo sacrificados, y la gente formaba colas enormes delante de las carnicerías para hacerse con un trozo. El dinero de la República ya no tenía valor; muchas personas tuvieron
5 que malvenderlo todo para no morirse de necesidad. Mis tíos contaban también que la cosecha había sido muy mala, porque no había forma de encontrar buen grano para sembrar. Lo poco que se recogía se lo llevaban los de la Comisaría de Abastos para el racionamiento. A cambio, pagaban cuatro
10 perras, de manera que los labradores escondían todo el grano que podían, lo que agravaba todavía más la escasez. Media España se estaba muriendo de hambre, pero en los periódicos no se habían enterado. Seguían hablando de la Victoria, de nuestro insigne Caudillo y de su Glorioso Movimiento
15 Nacional.

Los primeros días que fueron al instituto, a mis hermanos se les veía muy contentos. Debían de sentirse mayores e importantes al entrar en aquel edificio tan grande y tan bonito que había frente al parque, con su hermosa fachada, su
20 escalera de mármol y sus techos altísimos. Pero pronto empecé a verlos algo más mohínos, y no tardé mucho tiempo en saber por qué. «Nos llaman rojos —se quejó un día mi hermano Gabriel—. Dicen que no deberían dejarnos estudiar porque nuestro padre es un criminal y que por eso está en la cárcel».
25 Yo habría querido ir con ellos y darles de tortazos a quienes hacían sufrir a mis hermanos de esa forma tan cruel, pero pensé que era mejor que se fueran acostumbrando, pues iban a tener que oír cosas como aquéllas muchas veces. Hasta los mismos profesores los humillaban cuando tenían ocasión, ya
30 que muchos de ellos eran falangistas y adeptos al Régimen que

---

1 **aliviar** calmar – 5 **malvender** vender por un precio más bajo – 5 **la necesidad** Not – 6 **una cosecha** Ernte – 7 **un grano** (Samen)Korn – 7 **sembrar** säen – 9 **cuatro perras** muy poco dinero – 11 **agravar** empeorar, hacer más grave – 14 **insigne** famoso, célebre – 21 **mohíno** triste – 25 **dar de tortazos** dar muchos golpes con la palma de la mano en la ar – 29 **humillar** erniedrigen – 30 **adepto** simpatizante, seguidor

consideraban parte de su trabajo martirizar a los hijos de los rojos. La mayoría de los maestros de antes de la guerra había apoyado a la República, por lo que ahora estaban en la cárcel o represaliados. Mi hermano Paco repetía todo el tiempo que sus profesores del instituto eran un asco, igual de malos que don Julián. Yo no sabía cómo convencerlo para que no se le ocurriera decir aquello donde pudieran oírlo.

Peor aún fue el día que llegaron al instituto y encontraron que algunos de sus compañeros los esperaban muy sonrientes junto a la puerta. «Mirad esto», les dijeron, señalando un gran cartel que habían colgado en un lugar muy visible. En él se anunciaba que, a partir de ese día, todos los estudiantes tenían la obligación de pertenecer al Frente de Juventudes, que era la organización juvenil del Movimiento. Aunque el cartel no lo dijera, no era difícil imaginar que para los hijos de los rojos la obligación era aún mayor.

Desde entonces, cada sábado por la mañana mis hermanos tenían que ponerse su uniforme de «flecha», con los pantaloncitos cortos, la camisa azul y la boina roja, e irse al parque para hacer instrucción. Por las tardes les daban charlas sobre lo mucho que le debían a la patria y lo que significaba ser buen español, y luego les ponían películas en las que las tropas alemanas desfilaban ante Hitler haciendo el paso de la oca. Ellos decían que no querían ir, porque se aburrían mucho, y que preferían quedarse en casa. Todavía no entendían los pobres lo que suponía ser hijos de un rojo.

Yo, en cambio, estaba empezando a entenderlo. Me ahorré la humillación de tener que vestirme como los carceleros de nuestro padre y repetir en voz alta las ideas que él más detestaba. Como no estaba estudiando, no tuve que ir a

---

1 **martirizar** hacer sufrir – 5 *ser* **un asco** muy malo – 9 **sonriente** que sonríe – 11 **un cartel** letrero, anuncio donde se informa de uc – 13 **la juventud** gente joven – 14 **juvenil** de o para jóvenes – 18 **un flecha** niño de la organización juvenil falangista – 20 **dar charlas** hablar de – 23 **el paso de la oca** Laufschritt – 28 **una humillación** → humillar – 28 **un carcelero** guardián de una cárcel – 30 **detestar** odiar

hacer gimnasia en pololos con las muchachas de la Sección Femenina. Pero pasé por el amargo trance de comprobar que ser la hija de un rojo te convertía en una especie de leprosa, alguien a quien sus antiguas amigas le volvían la cara por la
5 calle. El dolor de tanto desprecio me hizo pensar que quizá fuéramos culpables, que pertenecer al bando que había perdido la guerra era un pecado enorme, y que a lo mejor nos merecíamos la penitencia que estábamos sufriendo. Dios me habrá perdonado, pero una vez no pude evitar sentir rencor
10 hacia mi pobre padre y responsabilizarlo de todo lo que nos ocurría. Si él no se hubiera metido en política, tendríamos aún nuestra casa. Si él no hubiera sido un rojo, la gente nos saludaría por la calle. Si se hubiera mantenido al margen de todo, como habían hecho algunos de mis tíos, yo podría
15 pasear los domingos con las muchachas de mi edad, y después ir al cine o al baile, en lugar de quedarme en casa cuidando a mis hermanos y viendo cómo mi madre se consumía poco a poco. Culpé a mi padre por todo ese sufrimiento. Pensé que no era justo que sus hijos tuviéramos que pagar por lo que sólo
20 él había hecho. Pero después recapacité y la vergüenza que sentí por haber sido tan injusta me hizo llorar durante horas enteras, porque me di cuenta de que la única culpa de mi padre había sido mantenerse fiel a sus principios. Su pecado era haber querido construir un mundo más justo y mejor para
25 nosotros. Eso lo convertía en un hombre admirable. Los únicos que merecían desprecio eran sus carceleros.

En noviembre pasó por nuestra ciudad el féretro de José Antonio Primo de Rivera. Lo llevaban a hombros desde Alicante hasta El Escorial, donde iban a enterrarlo junto a los
30 reyes de España. Los falangistas desfilaron durante todo el día

1 **un pololo** prenda interior femenina en forma de pantalones cortos que se ponen debajo de la falda – 2 **amargo** ≠ dulce – 2 **un trance** *aquí:* experiencia – 3 **un leproso** enfermo de lepra – 8 **una penitencia** castigo – 17 **consumirse** debilitarse, apagarse, perder fuerzas – 19 **justo** gerecht – 20 **recapacitar** reflexionar, pensar – 21 **injusto** ≠ justo – 23 **fiel** treu – 23 **un principio** idea – 25 **admirable** fantástico, extraordinario → admiración – 27 **un féretro** caja en la que se pone un muerto – 29 **enterrar** meter bajo tierra

por las calles. Al anochecer, el cortejo fúnebre fue escoltado hasta la parroquia de San Juan por cientos de camisas azules con antorchas. Mis hermanos tuvieron que ir a saludar con el brazo en alto y cantar el *Cara al sol*. Yo me quedé en casa, un
5 poco asustada de ver desfilar aquel mar de antorchas. Poco después colocaron junto a la puerta de la iglesia una cruz de piedra y una lápida muy grande con el nombre de José Antonio en la que se leía también la palabra *¡presente!* Bajo ella colgaron otras lápidas con los nombres de los caídos del bando
10 nacional.

A muchas calles y plazas les habían cambiado el nombre. Ahora se llamaban plaza del Caudillo, paseo de José Antonio y General Mola, o llevaban el nombre de los guardias civiles que se habían sublevado en nuestra ciudad al principio de la guerra.
15 Aunque las calles eran las mismas de siempre, para nosotros, los derrotados, los nuevos nombres les daban un aire siniestro, como si la ciudad se hubiera convertido en un lugar hostil y extraño. Al parque de toda la vida lo llamaron «Parque de los Mártires», y dentro de él empezó a construirse un monumento
20 a los caídos. Iba a ser algo muchísimo más pequeño y modesto que la enorme cruz que Franco quería levantar en la sierra de Madrid. Pero, a su manera, resultaba igual de hiriente, pues nadie parecía acordarse de los miles y miles de caídos de la República, como si hubieran quedado sepultados bajo un
25 manto de silencio y olvido, y mucho menos de los muertos de las Brigadas Internacionales, de quienes todo lo más se decía que habían sido una banda de aventureros y asesinos.

No era así como yo recordaba al pobre Tom y a las docenas de soldados sin nombre que cada día me cruzaba por la calle.
30 Pensé mucho en ellos, en su valor y su sacrificio, y me pareció

---

1 **un cortejo fúnebre** Trauergefolge/Leichenzug – 1 **escoltar** acompañar para proteger u honrar – 3 **una antorcha** Fackel – 5 **un mar de** *fig* una cantidad de uc – 7 **una lápida** piedra llana donde se pone unas palabras en memoria de un muerto – 8 **¡presente!** hier! (en el ejército) – 17 **hostil** enemigo – 21 **una sierra** montañas – 22 **hiriente** que provoca dolor → herir – 24 **sepultado** enterrado – 25 **un manto** Umhang – 30 **el valor** Mut

una enorme injusticia que ninguno de aquellos hombres fuera a tener jamás una calle, no ya en mi ciudad, sino en ninguna ciudad o pueblo del país por cuya libertad habían entregado la vida.

1 **una injusticia** uc injusta – 3 **entregar la vida** morir

# 24

Durante el invierno del año 40 se llevaron a mi padre desde
Castuera a Orduña, cerca de Bilbao. Al principio la noticia
nos entristeció, porque pensamos que cada vez lo alejaban
más de nosotros, pero con el tiempo descubrimos que aquel
traslado había sido una bendición. Para empezar, recibíamos
cartas de él con frecuencia. Nos decía que lo habían llevado a
un antiguo colegio de jesuitas transformado en prisión, y que
las condiciones en que vivían allí eran infinitamente mejores
que las del campo de prisioneros. El director de la cárcel era
una buena persona, y procuraba mantenerlos activos según
los conocimientos y el oficio de cada uno. A mi padre le habían
encargado organizar y dirigir la oficina. Ahora se encontraba
a sus anchas entre legajos, libros de contabilidad e impresos,
igual que había estado durante toda su vida. En sus cartas
nos hablaba con entusiasmo de lo que hacía y de los buenos
compañeros que tenía en la prisión. Nos decía, además, que su
trabajo iba a servirle para acortar la condena, pues lo habían
incluido en el programa de redención de penas. En mi casa
se notó un alivio inmenso desde que supimos que mi padre
se encontraba bien. Después, cuando nos contó que ya podía
recibir visitas, todos saltamos de alegría.

Mi madre me pidió que la acompañara en el largo viaje.
También mis hermanos querían venir con nosotras, pero ella
les dijo que no podían permitirse perder tantos días de clase.
En realidad, lo que no podíamos permitirnos eran más gastos.
Mis tíos nos dejaron algo de dinero, y el tío Eliecer le escribió al
capellán de la cárcel explicándole quiénes éramos y avisándole
de nuestra llegada. Yo estaba muy nerviosa, porque nunca

---

5 **ser una bendición** muy bueno – 8 **infinitamente** muchísimo – 11 **un oficio** profesión –
11 **encargar** hacer responsable de un trabajo – 13 *estar* **a sus anchas** a gusto y con
total libertad – 13 **un legajo** conjunto de papeles que tratan de un mismo tema – 13 **la
contabilidad** Buchhaltung – 13 **un impreso** formulario – 17 **acortar** → corto – 18 **una
redención** reducción, hacer más corto – 25 **un gasto** → gastar dinero – 27 **un capellán**
sacerdote, cura

había viajado tan lejos y no podía ni imaginar siquiera cómo
sería el norte de España, aunque me habían dicho que todo
era muy verde y que había montañas, justo al contrario que
en nuestra tierra. Me sentía impaciente por emprender aquel
5  viaje, que me parecía una auténtica aventura. Y, por supuesto,
me moría de ganas de ver a mi padre después de tantos meses.
Mi madre, en cambio, estaba un poco asustada, porque era la
primera vez que viajaba sin que mi padre estuviera a su lado.
Ella y mi tía Rosario hicieron una novena para que no nos
10  ocurriera nada. A pesar de todo, la veíamos más animada de
lo que había estado en mucho tiempo. Así que bendito fuera
el viaje.

Por fin llegó el día y toda la familia vino a despedirnos a la
estación. Íbamos a tener que tomar dos trenes. Uno nocturno
15  que llegaba hasta Madrid, y después el que hacía el trayecto a
Bilbao, aunque nosotras nos bajaríamos un par de estaciones
antes. Eran las 10 de la noche, hacía mucho frío y el tren de
Madrid llegaba con retraso. «Ay, Dios mío —decía mi madre
con voz quejumbrosa—. Mira que si no viene. O si llega tan
20  tarde que perdemos el otro». Pero finalmente oímos el silbido
de la locomotora y el tren entró en la estación haciendo un
ruido infernal. Nos subimos cargadas de bolsas y maletas,
porque, además de nuestros equipajes, le llevábamos a mi
padre ropa y otras muchas cosas. Luego, mientras el tren
25  abandonaba la estación, empezamos a recorrer los vagones
en busca de asientos libres. Pero las personas y bultos que
había tirados por todas partes apenas nos dejaban avanzar.
Enseguida vimos que el tren estaba lleno y que no merecía la
pena seguir buscando asiento. De modo que, tan pronto como
30  encontramos un hueco libre, pusimos allí nuestras maletas y
nos acomodamos sobre ellas lo mejor que pudimos.

---

4 **emprender** *un viaje* hacer, realizar – 11 **bendito** *aquí:* bienvenido – 14 **nocturno** de
noche – 15 **un trayecto** camino – 18 **con retraso** ≠ puntual – 19 **quejumbroso** que se
queja – 22 *ruido* **infernal** muy grande – 25 **abandonar** alejarse de – 26 **un asiento** plaza
para sentarse – 26 **un bulto** bolsa o maleta – 27 **tirado** echado en el suelo – 30 **un hueco**
lugar – 31 **acomodarse** sentarse

En aquel pasillo olía mal y hacía bastante frío, y además resultaba la mar de incómodo estar sentadas sobre la maleta todo el tiempo. Pero era muy bonito asomarse a la ventana y ver pasar los campos muy deprisa, mientras la luna se quedaba
5 siempre quieta, o los bultos negros de los árboles, que corrían veloces como si se persiguieran unos a otros. Pasé mucho rato mirando por la ventana, y me sorprendí al ver el bullicio que había en todas las estaciones donde el tren paraba. Aunque era ya de madrugada, los andenes hormigueaban de viajeros
10 cargados con sus bártulos, de soldados y de vendedores ambulantes. Yo miraba todo aquello muy sorprendida, porque siempre había pensado que todo el mundo dormía por las noches, pero durante aquel viaje me di cuenta de que la vida seguía cuando yo me había ido a la cama, al menos en aquel
15 desconocido mundo de las estaciones. Mi madre empezó a cabecear y se quedó dormida al cabo de un rato. Pero yo estaba demasiado nerviosa para dormirme, y además había empezado a notar ganas de orinar. Me puse de pie y empecé a recorrer el pasillo con mucho cuidado, porque las luces
20 estaban apagadas y por todas partes había gente durmiendo a pierna suelta. Por fin llegué al servicio, que estaba en el extremo del vagón, pero me resultó imposible abrir la puerta. Pensé que estaba ocupado y me dispuse a esperar. Entonces oí que alguien decía: «No te molestes».
25 —¿Cómo dice? —le pregunté a la mujer que me había hablado.

—El retrete está siempre cerrado a cal y canto.

—Pero ¿por qué? —pregunté, un poco alarmada—. ¿Es que está estropeado?
30 La mujer soltó una risita.

---

7 **un bullicio** ruido y movimiento de mucha gente – 9 **hormiguear** *aquí:* estar lleno de gente en movimiento – 10 **unos bártulos** *mpl* equipaje – 11 **ambulante** que va de un lugar a otro – 16 **cabecear** caérsele la cabeza al que se está durmiendo – 18 **orinar** hacer pipí – 20 **dormir a pierna suelta** *loc* profundamente – 21 **un servicio** retrete – 23 **ocupado** ≠ libre – 24 **no te molestes** *mach* dir keine Mühe – 29 **estropeado** roto – 30 **soltar una risita** reírse un poco

—Quia. Lo que pasa es que los estraperlistas se esconden dentro con su mercancía por si registra el tren la Guardia Civil. De manera que ya puedes quedarte esperando.

Volví junto a mi madre resignada a aguantarme hasta llegar
5 a Madrid, y el resto del viaje se convirtió en un suplicio. Otros, en cambio, fueron mucho más prácticos que yo y se aliviaron en cualquier sitio. A la mañana siguiente, cuando el tren entró en la estación de Atocha, la peste era tan tremenda que casi no se podía respirar, y recuerdo que tuvimos que salir del vagón
10 chapoteando sobre charcos de orines.

Llegamos con tiempo de sobra para tomar el tren de Bilbao, pero aun así pasamos un mal rato en la estación de Atocha, porque nunca habíamos visto un sitio tan grande y tan lleno de gente. Lo primero que hicimos fue buscar el servicio, donde
15 entramos por turnos mientras la otra cuidaba del equipaje. Después tuvimos que dar varias vueltas por aquel laberinto de estación en busca de nuestro tren. Caminábamos muy juntas las dos, mirando con temor a la multitud que pasaba corriendo a nuestro lado, como si todos menos nosotras supieran adónde
20 tenían que ir. El ruido nos mareaba, sobre todo cuando a las voces y gritos se sumaba el estrépito de un tren que entraba en la estación. «Ay, Dios mío, que nos hemos perdido», repetía mi madre, a punto de romper a llorar. Yo la tranquilizaba y le decía que no, que teníamos tiempo de sobra. Y para que no
25 sufriera más le dije que esperara con el equipaje mientras yo iba a preguntar. Ella no quería que la dejara sola, porque decía que iban a robarle todo. Pero al final la convencí y salí al vestíbulo, que era enorme y muy bonito. Me maravilló observar el trasiego que había allí, pero sobre todo me quedé embobada
30 al ver a tanto señor y señora elegantes y bien vestidos. Por la puerta se veían muchos automóviles, una calle muy ancha y

---

1 **¡quia!** *Esp coloq* keineswegs! – 6 **aliviarse** *aquí:* orinar – 8 **una peste** muy mal olor – 10 **chapotear** plätschern – 11 **de sobra más que suficiente** con mucho más tiempo del necesario – 12 **aun así** a pesar de ello – 15 **por turnos** ≠ al mismo tiempo – 20 **marear** verwirren – 21 **sumarse** añadirse – 23 **romper a + inf.** empezar a – 28 **maravillar** encantar, asombrar, fascinar – 29 **un trasiego** movimiento – 29 **embobado** fascinado

edificios altísimos al otro lado, y por un momento me tentó la idea de salir de la estación y echarle un vistazo a aquella fascinante ciudad, tan distinta del sitio de donde yo venía, que comparado con Madrid no era más que un pueblo dejado de la mano de Dios. Pero enseguida me acordé de que mi madre me esperaba, y fui a consultar los tablones que anunciaban las entradas y salidas para volver cuanto antes a su lado.

Tuvimos suerte. Aún faltaba más de una hora para salir, pero el tren estaba ya puesto en el andén con los vagones prácticamente vacíos y pudimos acomodarnos a nuestro gusto antes de que se llenara del todo. El viaje hacia el norte fue bonito, pero me entristeció ver las cicatrices que la guerra había dejado en Madrid, donde aún quedaban manzanas enteras que las bombas y los obuses habían convertido en escombros.

Aún peor fue lo que pasó al llegar a Burgos, y eso que yo estaba muy contenta porque había alcanzado a ver las torres de la catedral en la distancia. Apenas habíamos entrado en la estación, cuando vimos aparecer a una pareja de la Guardia Civil en la puerta del compartimiento. Nos preguntaron adónde íbamos y para qué, y cuando supieron que viajábamos para visitar a un preso republicano nos hicieron enseñarles nuestra documentación. Después tuvimos que abrir la maleta para que lo registraran todo, hasta que por fin se cansaron de chincharnos y nos dejaron en paz. A partir de ese momento los demás viajeros del compartimiento nos miraron como si fuéramos un par de mujeres de la calle. Aunque peor suerte tuvo el pobre hombre al que los guardias encontraron escondido en un lavabo con estraperlo. Desde donde estábamos oímos los golpes y las patadas que dieron sobre la puerta del retrete hasta que el estraperlista la abrió. Entonces

---

1 **tentar a up la idea de** tener la tentación de – 4 **dejado de la mano** olvidado – 6 **consultar** buscar información – 6 **un tablón** Tafel – 12 **una cicatriz** marca de una herida que queda en la piel – 13 **una manzana** conjunto de edificios separado de otro por una calle – 14 **un obús** Haubitze – 17 **una torre** Turm – 20 **un compartimiento** parte en la que se divide un vagón – 25 **chinchar** molestar – 27 **una mujer de la calle** *euf* prostituta

se lo llevaron detenido. Yo me asomé por la ventanilla y vi cómo lo lanzaban al andén, donde el pobre desgraciado cayó como un fardo de ropa vieja, y cómo luego lo molían a patadas entre los dos guardias.

5 Llegamos a Orduña cerca de las 11 de la noche, agotadas y sucias, con la cara y las manos tiznadas de carbonilla. En medio del andén había un cura muy fornido cubierto con una boina enorme. Supusimos que era don Casimiro, el capellán de la cárcel, porque al vernos se nos acercó y nos cubrió con 10 su paraguas. «¿Sois la familia de Cebrián?», preguntó. Entonces nos dio la bienvenida y nos ayudó a cargar el equipaje hasta la pensión. Don Casimiro hablaba con un acento vasco muy cerrado y al principio nos resultó difícil entenderlo. Pero eso no importaba, pues por el tono amable de su voz se veía que 15 era un hombre bueno. Caía una lluvia fina que calaba hasta los huesos, y a la luz de las farolas vi pasar muros de piedra oscuros y cubiertos de musgo. Después recuerdo una cama de hierro con las sábanas frías y húmedas. y ya no recuerdo nada más.

20 Don Casimiro nos demostró pronto que era tan buen hombre como parecía. Al día siguiente, muy temprano, se presentó para acompañarnos al penal donde tenían preso a mi padre. Seguía cayendo aquella lluvia fina que parecía no cesar nunca. Mi madre y yo no estábamos habituadas a tanta 25 humedad y tiritábamos de frío mientras caminábamos junto a don Casimiro por las estrechas calles de Orduña. El pueblo era precioso. Por todas partes se veían iglesias y caserones con escudos, y más allá, las cumbres de las montañas, de un verde tan intenso como yo jamás pensé que pudiera existir. Pero el 30 cielo era gris y plomizo, y el sol brillaba con tan poca fuerza que todo parecía cubierto por un húmedo manto de tristeza. El capellán nos iba contando que mi padre estaba bien de

---

2 **desgraciado** que tiene mala suerte – 3 **un fardo** saco – 3 **moler a up** maltratar, golpear – 6 **tiznado** negro – 6 **la carbonilla** carbón en polvo – 15 **calar hasta los huesos** bis auf die Haut nass werden – 17 **el musgo** Moos – 22 **un penal** cárcel – 24 **habituado** acostumbrado – 28 **una cumbre** la parte más alta – 30 **plomizo** nublado

salud y más animado que cuando ingresó. Nos dijo también que todos lo apreciaban mucho, tanto sus compañeros como los funcionarios y el propio director de la prisión. «Tu padre es un hombre excelente —dijo por último, mirándome—. No
5 hay derecho a que tengan en la cárcel a gente como él». «¿Está sufriendo mucho?», preguntó mi madre, con un temblor en la voz. El capellán se detuvo y nos miró. Y, tras reflexionar unos instantes, dijo: «Sólo Dios sabe lo que ha tenido que padecer tu marido. Pero eso ha terminado ya. Lo único que lo hace sufrir
10 ahora es estar tan lejos de vosotros».

El colegio de los jesuitas era tan bello como un palacio. Tenía un patio inmenso rodeado de pórticos, hermosas galerías y ventanales enormes para atrapar la mortecina luz del exterior. Pensé que era una vergüenza que aquel lugar
15 tan noble se dedicara a un propósito tan ruin. Pero ¿qué otra cosa se podía esperar de quienes eran capaces de encarcelar a hombres inocentes? Antes de ver a mi padre, don Casimiro nos acompañó para saludar al director, que fue muy amable con nosotras. «Cebrián es un recluso modélico —nos dijo—,
20 además de un gran colaborador». Mi madre le agradeció sus palabras, pero yo pensé que ningún carcelero tenía que venir a explicarme cómo era mi padre. A lo mejor fui injusta con él.

Por fin nos llevaron a una habitación donde había una mesa y tres sillas. No hace falta que describa mi alegría cuando nos
25 dimos cuenta de que podríamos ver a mi padre a solas y sin tener que decirle todo a gritos. Nos pidieron que esperáramos, y después pasaron 10 interminables minutos hasta que la puerta volvió a abrirse. Entonces grité muy fuerte, y lo siguiente que recuerdo es un revoltijo de abrazos y de besos,
30 y a mi padre riéndose y diciendo: «Tranquilas, muchachas, que me vais a ahogar». Durante un buen rato no pudimos

---

2 **apreciar** schätzen – 6 **un temblor** → temblar – 8 **padecer** sufrir – 12 **un pórtico** Säulengang – 13 **un ventanal** ventana grande – 13 **atrapar** coger uc que se deja coger con dificultad – 13 **mortecino** débil ≠ fuerte – 15 **un propósito** fin, finalidad – 19 **un recluso** prisionero – 19 **modélico** vorbildlich – 20 **un colaborador** up que ayuda → colaborar – 27 **interminable** larguísimo – 29 **un revoltijo** Durcheinander

decir una palabra, porque no nos lo permitieron las risas y las lágrimas. Después mi padre nos contó lo bien que estaba y lo pronto que esperaba salir por la reducción de penas. «Pero don Casimiro nos ha dicho que lo has pasado muy mal», le dijo mi
5 madre. Mi padre guardó silencio y su mirada se volvió ausente. Durante unos segundos su pensamiento pareció alejarse de nosotras y extraviarse entre sus recuerdos. Entonces empezó a relatarnos sus experiencias en el campo de prisioneros. Y mientras hablaba, su voz fue adquiriendo emoción hasta que
10 se convirtió en un llanto, como si al compartir con nosotras aquellos meses de miedo y de dolor mi padre se estuviera librando del peso intolerable de los recuerdos.

Nos dijo que nadie de fuera podía imaginar lo espantoso que era el campo de concentración de Castuera, una especie
15 de gran corral en medio de campos baldíos rodeado de una doble alambrada y vigilado por nidos de ametralladora. Los presos dormían hacinados en barracones de madera, y por las noches hacía tanto frío que se veían obligados a apiñarse unos contra otros para poder aguantar hasta la mañana. Una vez mi
20 padre sufrió una diarrea que le duró días, pero ni siquiera se le pasó por la cabeza salir del barracón por la noche para ir a las letrinas. No había cerraduras en las puertas, pero a quien veían deambular por el campo de noche le pegaban un tiro, porque la ley de fugas les permitía a los carceleros disparar primero
25 y preguntar después. «Al soldado que mataba a un preso que intentara fugarse le daban dos semanas de permiso —nos contó mi padre—. Y muchos de ellos estaban esperando la ocasión para poder irse a ver a su novia». Después mi padre nos habló del trato inhumano que habían recibido, de las bofetadas
30 y golpes con que sus carceleros acompañaban cada orden, de

---

7 **extraviarse** perderse – 8 **relatar** contar – 9 **adquirir** ganar, coger, tomar – 10 **un llanto** acción de llorar – 12 **intolerable** insoportable – 15 **baldío** sin cultivar – 16 **una alambrada** Drahtgitter – 16 **un nido de ametralladoras** Machinengewehrnest – 17 **hacinado** amontonado – 17 **un barracón** caseta sencilla y grande donde se aloja un grupo de personas – 22 **una letrina** retrete – 22 **una cerradura** mecanismo con llave para cerrar una puerta – 23 **deambular** pasear – 24 **una fuga** escapar, huir de una cárcel – 26 **fugarse** → fuga – 26 **un permiso** *aquí:* vacaciones

la basura que les daban para comer, de las enfermedades, la sarna y los piojos. «Peor que a animales», repetía mi padre entre sollozos. Pero, con ser terribles, lo peor de aquel infierno no eran las privaciones, sino el miedo. «El miedo a que vinieran
5 a buscarte, como les ocurrió a muchos compañeros; a que se presentara alguien de tu ciudad reclamándote y te sacara del campo, y al cabo de media hora te pegara un tiro para dejarte que te pudrieras como un perro al borde del camino. Todos los días venían falangistas y policías para llevarse gente, y
10 también civiles con un papel de autorización, y los guardias les entregaban a los presos sin hacer preguntas, aunque sabían muy bien que la mayoría de ellos no iba a llegar a sus pueblos. Algunos compañeros cavaban hoyos para esconderse, pero al final siempre los encontraban, y si nos los mataban los de
15 fuera, los mataban los de dentro». Mi padre nos dijo que había una zona del campo cerrada con una valla más alta donde estaban los condenados a muerte. Al anochecer los hacían formar, mientras un guardia leía la lista de los que iban a fusilar al día siguiente. Sin dejar de fumar su puro, el guardia
20 gritaba un nombre, y luego dejaba pasar un rato antes de decir los apellidos, para que todos los que se llamaban así sufrieran pensando que les había llegado la hora. Cada mañana se despertaban con las detonaciones de los fusiles. Después tenían que ir a cavar fosas en la tierra helada para enterrar a
25 los compañeros muertos. «Ésa era la peor forma de tortura. Por mucho que dolieran los golpes, por grandes que fueran el hambre, el frío o la miseria, el miedo era con diferencia lo peor». Después mi padre no pudo seguir hablando.

Mientras mi madre lloraba, recuerdo haber pensado que
30 por nada del mundo quería olvidar lo que mi padre acababa

---

6 **reclamar a up** preguntar por – 8 **que te pudrieras** *coloq* mostrando absoluta indiferencia – 13 **cavar** hacer un agujero en el suelo – 13 **un hoyo** Loch – 16 **una valla** Zaum – 23 **una detonación** explosión violenta y ruidosa – 24 **una fosa** hoyo en el suelo para enterrar a un muerto – 25 **una tortura** → torturar – 30 **por nada del mundo** auf gar keinen Fall

de contarnos. Puede que mi vida fuera larga, y tal vez el futuro me deparara todavía algunos momentos de felicidad. Pero mi padre merecía que su historia no cayera en el olvido. Lo menos que merecían él y los miles de hombres que habían sufrido
5 del mismo modo era que sus hijos recordáramos todas las atrocidades que se cometieron con ellos, y que las contáramos a los que vinieron después, de forma que tanto dolor no hubiera sido en vano.

Pasamos una semana entera en Orduña, y nos dejaron
10 ver a mi padre cada día. Las siguientes visitas fueron mucho más alegres. Mi padre se puso muy contento al conocer los progresos de Gabriel y de Paco, y rió hasta que se le saltaron las lágrimas cuando le contamos las travesuras de Angelita y la forma en que charlaba como si le dieran cuerda. Hubo un
15 día que dejé ir a mi madre sola para que ellos dos pudieran tener un poco de intimidad, y yo aproveché para subir hasta el santuario de la Virgen de la Antigua y darle gracias por lo mucho que había ayudado a mi padre. Después miré el paisaje del valle y de las montañas, y contemplé cómo el río Nervión
20 serpenteaba hacia su desembocadura en la ría de Bilbao. Orduña era como un pueblo de juguete a mis pies. Allí estaba el colegio de los jesuitas, fácil de distinguir por la alta torre de su iglesia, donde mi padre permanecería encerrado durante mucho tiempo aún. «Ojalá te suelten pronto, padre. Nos haces
25 mucha falta».

Antes de irnos, arreglamos con una familia del pueblo que recogieran y lavaran la ropa de mi padre y lo atendieran en lo que necesitara. Al contrario de lo que pasaba en nuestra ciudad, cuando la gente sabía que éramos la mujer y la hija

---

2 **deparar** reservar – 3 **caer en el olvido** ≠ ser recordado – 12 **reír hasta saltarle a up las lágrimas** reírse mucho – 13 **una travesura** diablura – 14 **como si le dieran cuerda** sin parar – 17 **un santuario** iglesia – 19 **un valle** lugar entre dos montañas – 19 **contemplar** observar, admirar – 20 **serpentear** hacer eses – 20 **una desembocadura** lugar donde termina un río – 20 **una ría** fjordähnliche Flussmündung – 21 **de juguete** en miniatura – 24 **hacer falta a up** necesitar – 26 **arreglar** vereinbaren

de un preso republicano, nos abrían su casa y sus corazones. Antes de tomar el tren, le dijimos a don Casimiro lo agradecidas que nos sentíamos hacia él y hacia todos los demás. «Dadle gracias a Dios —nos dijo aquel cura grandote, sonriendo bajo
5 su enorme boina—. A nosotros no tenéis que dárnoslas. Los vascos sabemos muy bien lo que es sufrir».

4 **grandote** *aum* → grande – 6 **un vasco** del País Vasco

# 25

Y continuó la posguerra, con su reguero de hambre, de presos y de tristeza. El rey Alfonso, que tal vez había pensado que podría volver después de la guerra, se murió en su exilio de Roma. Vinieron Alfredo Mayo, Manolete y la Mariquita
5 Pérez. Franco le dijo a Hitler en Hendaya que lo sentía muchísimo, pero que España no podía participar en su guerra, una despiadada carnicería que se había extendido ya a casi todas las naciones de Europa, como si la nuestra no hubiera sido nada más que un pequeño ensayo para lo que estaba por
10 venir. Dijeron que el Caudillo había salvado a España de una catástrofe aún peor que nuestra guerra civil, pero no había más que mirar alrededor y ver aquel país devastado para darse cuenta de que la simple idea de ayudar a los alemanes era impensable, porque bastante teníamos con sobrevivir cada
15 día. En los cines empezaron a poner un noticiario antes de la película. Se llamaba el NO-DO, y en él nos enseñaban la forma en que Franco se desvivía por nosotros y lo agradecidos que debíamos estarle. Pero cada vez que aparecía aquel hombrecillo tripón con su bigotito y su uniforme de capitán general, yo
20 no podía evitar temblar de rabia, y supongo que como yo la media España cautiva y derrotada, aunque no teníamos más remedio que callar y fingir que sí, que le estábamos muy agradecidos, y siempre que nos lo pedían levantábamos el brazo y cantábamos el *Cara al sol*.
25 Continuó la posguerra, la interminable posguerra, y cada día añadió su poso de negra desesperación en los corazones. Y mi padre, mientras tanto, seguía en la cárcel.

---

1 **un reguero** (Spur von vergossenen Flüssigkeiten) – 4 **Alfredo Mayo** (1911–1985) actor español – 4 **Manolete** (1917–1947) uno de los grandes toreros españoles – 4 **Mariquita Pérez** la muñeca más popular de las décadas de los cuarenta y cincuenta – 7 **despiadado** inhumano, brutal, sin compasión – 7 **una carnicería** matar a mucha gente, aniquilación – 9 **un ensayo** Probe – 12 **devastado** destruido – 14 **impensable** imposible – 17 **desvivirse por** hacer todo lo posible por up – 19 **tripón** con mucha barriga – 21 **cautivo** prisionero – 22 **fingir** hacer como si – 26 **un poso de** Spur

Por aquellos días Angelita pilló el sarampión, y cuando creíamos que ya estaba casi buena resultó que la enfermedad le había provocado una infección gravísima en el oído. Mi hermana ardía de fiebre, y los médicos negaban con la
5 cabeza y no se decidían a hacer nada. Nos hablaron de una medicina nueva llamada penicilina que podría salvarla, pero tanto daba, porque era imposible conseguirla en España. Lo único que podía hacerse por la nena era abrirle el oído y drenarle la parte infectada, aunque en el estado en que se
10 encontraba difícilmente iba a aguantar la operación, así que mejor era dejarlo estar. Mi madre rogó y suplicó, ofreciendo el poco dinero que nos quedaba a cualquier médico que quisiera ayudarnos. Pero ninguno de los de nuestra ciudad se atrevía, porque el riesgo les parecía demasiado grande.
15 Finalmente, a través de unos parientes de mi padre que vivían en Valencia, conseguimos que un doctor de allí aceptara hacer la operación.

Antes de salir, mi madre escribió a Orduña para decirle a don Casimiro que fuera preparando a mi padre para lo que pudiera
20 pasar. La respuesta la tuvimos en Valencia, a vuelta de correo, y venía escrita directamente por el director de la prisión. «Pierda cuidado —le decía a mi madre—, que si la niña se pone peor yo mismo acompañaré a su esposo hasta Valencia». Mi madre lloró de gratitud, pero no tuvo tiempo para verter muchas
25 lágrimas, porque esa misma mañana metieron a Angelita en el quirófano. La nena iba despierta cuando se la llevaron para ponerle el cloroformo. Después de tantos días consumida por la enfermedad, estaba casi irreconocible, con la cara gris, los rasgos afilados y los bracitos tan finos que parecía que iban
30 a romperse con sólo tocarlos. Mi hermana era una mezcla

---

1 **pillar** *coloq aquí:* enfermar de – 1 **el sarampión** Masern – 3 **una infección de oído** Mittelohrentzündung – 7 **tanto daba** daba igual – 7 **conseguir** obtener, adquirir – 10 **aguantar** *una operación* sobrevivir a – 20 **a vuelta de correo** en el mismo día en que se recibe una carta – 21 **pierda cuidado** no se preocupe – 24 **la gratitud** agradecimiento – 24 **verter lágrimas** llorar – 26 **un quirófano** sala de operaciones – 27 **consumido** → consumirse – 28 **estar irreconocible** no parecer la misma persona

entre una anciana y un recién nacido. Recuerdo que no lloró mientras la pasaban al quirófano. Tan sólo nos miró con sus ojos anegados de fiebre y levantó una mano como si quisiera despedirse de nosotras. El médico salió para decirnos que
5 tuviéramos confianza, que todo iba a salir bien, y luego volvió a entrar en el quirófano cerrando la puerta tras él.

No sé cuántos rosarios rezamos mi madre y yo mientras la operaban, pero recuerdo que el tiempo nos pareció interminable hasta que por fin la volvieron a sacar. La cabeza
10 de mi hermana estaba envuelta en tantas vendas que parecía dos veces más grande de lo normal. «La operación ha ido bien —nos dijo el médico, con gesto preocupado—, pero las próximas horas van a ser cruciales». Pasamos la noche velándola, y aunque yo cabeceé algunos ratos, prefería no
15 dormirme por miedo a las pesadillas que me acosaban cada vez que cerraba los ojos. La nena no se despertaba, pero nos dijeron que eso era normal, porque le habían tenido que poner mucha anestesia y su efecto tardaría en desaparecer. A las cinco de la mañana Angelita abrió los ojos y las dos
20 dimos un salto de alegría. Pero se encontraba muy mal, tenía unas arcadas horribles y se quejaba de una forma que partía el alma. Enseguida vino el médico para tranquilizarnos. «Está eliminando el cloroformo. Pero lo importante es que se ha despertado y está consciente. Seguro que mañana mismo
25 empezará a mejorar».

Y así ocurrió. Fue como un milagro verla sonreír y oírla hablar sin descanso con su media lengua, igual que cuando estaba buena. Mejoraba de hora en hora, y ya creíamos que había pasado todo cuando, al tercer día, empezó a salirle un
30 bulto enorme en el cuello. El médico nos dijo que era una bolsa de pus, y eso significaba que la herida de la operación se le había cerrado antes de tiempo. Tuvieron que abrirla otra vez

---

1 **un recién nacido** bebé – 3 **anegado** lleno – 10 **una venda** Verband – 13 **crucial** decisivo, fundamental – 14 **velar** cuidar a un enfermo – 15 **acosar** perseguir – 18 **una anestesia** Betäubung – 23 **eliminar** expulsar, sacar – 27 **sin descanso** sin parar – 30 **un bulto** Geschwulst – 31 **el/la pus** Eiter – 31 **una herida** Wunde – 32 **antes de tiempo** demasiado pronto

para limpiarle la nueva infección. Le hicieron dos incisiones en el cuello, y le introducían gasas por una de ellas para después sacárselas por la otra. La cura se repetía cada día, y era tan dolorosa que el médico tenía que avisar a su chófer para que
5 sujetara a la nena mientras se la hacían. Aún me parece que puedo oír los gritos de mi hermana. Fue como si su dolor se sumara al nuestro para hacer aquellos días todavía peores de lo que eran.

Al cabo de un tiempo la dejaron salir del sanatorio y nos
10 las llevamos a casa de nuestros parientes. Valencia era una ciudad grande y preciosa, con calles muy anchas llenas de sol y de palmeras. Tenía un río y varios puentes de piedra que lo cruzaban. Había puerto y hasta una playa, aunque mi madre y yo no disponíamos de mucho tiempo para pasear,
15 porque teníamos que dedicarnos a cuidar a Angelita. Todas las mañanas la llevábamos a la clínica del médico para que le hicieran las curas, y como la nena ya sabía lo que le esperaba, no quería levantarse de la cama. Desde su dormitorio en la casa de nuestros parientes se oía a los muchachos que voceaban
20 los periódicos por la calle. «¡*El Levante* de hoy!», gritaban. Y nosotras, para convencer a mi hermana de que saliera de la cama, le decíamos: «Mira, Angelita, por la calle dicen que ya es hora de que te levantes hoy».

Recuerdo que la noticia más repetida por los vendedores
25 de periódicos era la partida de los primeros voluntarios de la División Azul, que se iban para ayudar a los alemanes en su invasión de Rusia. Serrano Súñer, que era cuñado de Franco y mandaba mucho por entonces, había dicho en un discurso que Rusia era culpable de no sé cuántas cosas, y miles de jóvenes

---

1 **una incisión** (Ein)schnitt – 2 **introducir** meter – 2 **una gasa** Verbandgaze – 3 **una cura** tratamiento y desinfección de una herida – 4 **avisar** *aquí:* pedir – 5 **sujetar** coger fuerte uc para que no se mueva – 11 **ancho** ≠ estrecho – 12 **un puente** construcción por debajo de la que pasa un río – 14 **disponer de** tener – 19 **vocear** *los periódicos* hacer publicidad gritando mucho – 25 **una partida** salida → partir – 26 **la División Azul** unidad de voluntarios españoles que luchó entre 1941 y 1943 en el bando alemán durante la II Guerra Mundial – 27 **una invasión** → invadir – 27 **Ramón Serrano Súñer** (1901–2003) político español, seis veces ministro de los primeros gobiernos franquistas – 27 **un cuñado** hermano del esposo o de la esposa o marido de la hermana

falangistas habían acudido a los «banderines de enganche» para enrolarse, pensando que de este modo estaban salvando a Europa y a su patria del comunismo. La gente los despidió como a héroes, sin imaginar que muchos de ellos no iban a volver, porque los alemanes no tardarían en llevárselos al frente para usarlos como carne de cañón en una guerra tan atroz como la nuestra, o puede que aún peor. Un año después, los rusos derrotarían a los alemanes en una ciudad llamada Stalingrado. Entre los caídos por heridas de guerra y los que mató el invierno, hubo tantos muertos que nadie pudo terminar de contarlos, y muchos fueron soldados españoles. Paquito estaba entre ellos, y tengo que confesar que, a pesar de lo mal que se había portado con nosotros, lloré cuando lo supe. Lo recordé tal y como era por los días en que jugaba con sus hermanas y conmigo al parchís: guapo, jovencísimo y lleno de vida. Pensé que tanto él como los demás habían marchado al combate por puro idealismo. De alguna forma, aquellos muchachos eran iguales a los brigadistas extranjeros que entregaron la vida en nuestra guerra, con la diferencia de que los voluntarios de la División Azul habían elegido la causa equivocada.

Tuvimos que quedarnos otros tres meses en Valencia hasta que Angelita se curó del todo. Durante ese tiempo, sábados y domingos incluidos, la llevábamos a que le hicieran las curas. Aunque se resistía desde el primer día, al principio mi madre y yo nos las arreglábamos para subirla cada mañana en el tranvía que nos llevaba a la clínica del médico. Pero al cabo de un tiempo, cuando empezó a recuperar las fuerzas, nos resultaba casi imposible. Había veces que se agarraba a un árbol o una farola y no había manera de despegarla de allí. En una ocasión,

---

1 **un banderín de enganche** oficina donde se inscriben los soldados voluntarios – 2 **enrolarse** entrar en el ejército – 6 **carne de cañón** soldados expuestos a peligro de muerte – 9 **Stalingrado** actual Volgogrado – 13 **portarse mal con up** tratar mal a up – 16 **marchar al combate** ir a la guerra – 20 **una causa** motivo para luchar – 21 **equivocado** ≠ correcto – 23 **curarse** ponerse bueno ≠ enfermar – 26 **un tranvía** tren que circula por la calle – 28 **recuperar las fuezas** ponerse mejor – 29 **agarrarse** cogerse muy fuerte – 30 **despegar** soltar, separar

cuando vio que el tranvía llegaba y estábamos a punto de tomarlo, se tiró al suelo y empezó a berrear y dar patadas como si la estuvieran matando. La gente se arremolinaba a nuestro alrededor y preguntaba qué le pasaba a la niña, y alguno decía: «Pobreta, no le peguen más». Mi madre y yo, rojas del bochorno, tirábamos de Angelita, pero no había forma de levantarla del suelo. «Ay, Dios mío, qué vergüenza», decía mi madre sin parar. Y yo no dejaba de pensar en mi lejana operación de anginas, cuando hice algo muy parecido a lo que mi hermana estaba haciendo ahora, y me maravillé de cómo a veces la vida nos hace trazar círculos y repetir momentos que ya hemos vivido. Mientras tanto el tranvía esperaba, porque el conductor ya nos conocía y sabía cómo se las gastaba mi hermana. Al final, un señor que debía de llevar prisa se bajó del tranvía, levantó a Angelita en volandas y la subió. Nosotras subimos tras él. Creo que aquel hombre nunca llegó a imaginar lo agradecidas que le estuvimos.

Los meses que pasamos en Valencia debieron de ser los peores de la posguerra. Media España se estaba muriendo de hambre. También los parientes de mi padre que nos habían acogido lo estaban pasando mal, y para colmo tenían que repartir lo poco que había con nosotros. Por suerte, desde La Aldea nos mandaban comida cuando podían. El día que íbamos a Correos para recoger aquellos paquetes llenos de embutidos y panes blancos y fragantes, era como si hubiera llegado la Navidad.

Mientras tanto, mi padre se desesperaba en Orduña por no poder estar con nosotras, y nos escribía una carta tras otra preguntando por Angelita y contándonos el miedo que había pasado y las ganas que tenía de volver a nuestro lado. También Gabriel y Paco nos escribían desde casa de los abuelos, quejándose de que el abuelo cada día estaba más amargado y

---

2 **tirarse** *al suelo* echarse – 6 **un bochorno** vergüenza – 7 **¡qué vergüenza!** wie peinlich! –
11 **trazar** dibujar – 13 **cómo se las gastaba** *aquí:* cómo era – 15 **en volandas** en brazos –
21 **y para colmo** und noch dazu – 25 **fragante** de olor agradable y suave – 32 **amargado**
verbittert

los reñía sin parar. Mi madre sufrió lo indecible con todo esto. Pero supo hacerse fuerte para sacarnos adelante hasta que soltaran a mi padre y las cosas se arreglaran.

Pero aún tuvo que transcurrir un año entero para que
5 pusieran a mi padre en libertad. Fue en junio del año 44, al mismo tiempo que los aliados desembarcaban en Normandía, cuando nos llegó la noticia de que sólo le quedaban unos meses de cárcel. Mis hermanos gritaron y bailaron por toda la casa, y hasta yo, con mis 20 años cumplidos, me uní a la
10 celebración y bailé y grité con ellos. Después me lancé a los brazos de mi madre, y pasamos así mucho tiempo, abrazadas la una a la otra, mezclando nuestras lágrimas por la alegría de saber que al cabo de pocos meses mi padre iba a volver a casa por fin.

15 Habían hecho falta muchísimos trámites y cartas de recomendación para conseguir que mi padre sólo cumpliera cinco años de su condena de 12. Mis tíos tuvieron que viajar a Madrid una y otra vez para solicitar audiencias y favores, y fue necesario gastar una fortuna en abogados. El director de la
20 prisión de Orduña nos ayudó moviendo todas sus influencias para que la sentencia se rebajara, y me parece que mi padre pudo beneficiarse también de alguna amnistía. El caso es que lo iban a soltar. Como casi todos los presos republicanos, no podría volver a casa sin antes cumplir unos meses de destierro
25 en otra ciudad. Lo habían autorizado a pasar su destierro en Cartagena, en casa de su hermano el sacerdote. Pero antes le dejarían pasar una semana con nosotros.

Y así fue como un día de otoño, mientras yo estaba asomada al balcón en casa de mis abuelos, distinguí la figura de mi
30 padre torciendo la esquina de nuestra calle con su maleta en la mano. Era él, sin duda, aunque me pareció que caminaba algo

---

1 **indecible** *aquí:* muchísimo – 6 **desembarcar** bajar de un barco – 10 **lanzarse a los brazos de up** abrazarse con fuerza – 15 **un trámite** gestión – 16 **cumplir 5 años de condena** estar 5 años en la cárcel – 18 **solicitar** *audiencia* pedir – 19 **una fortuna** mucho dinero – 21 **rebajar** reducir, acortar – 22 **beneficiarse de una amnistía** unter eine Amnestie fallen – 24 **un destierro** *aquí:* no permitir a up volver a su casa – 30 **torcer** girar

encorvado y que tenía menos pelo que cuando lo vi en Orduña. Quise entrar para decirles a todos que venía, pero la emoción me había dejado paralizada. La emoción o quizá los recuerdos que se agolparon de repente en mi cabeza. Recuerdos, infinidad de ellos, algunos dichosos algunos tan tristes que hasta el día de hoy me siguen doliendo en lo más profundo: mi abuela María tejiendo su eterno ganchillo mientras el sol arrancaba llamaradas blancas de su pelo, las voces de las monjas de mi colegio explicándonos la lección y las notas de *La Marsellesa* el día que fue proclamada la República. Recordé el rostro cansado y triste del señor Azaña al estrechar mi mano después de aquel acto del año 36, la sonrisa desfallecida de los primeros brigadistas desfilando a lo largo de la calle Ancha. Y las palabras de fuego de Dolores *La Pasionaria* cuando vino de Madrid para darles la bienvenida. Pensé en todas las cosas buenas que la guerra se había llevado para siempre y en tantas atrocidades que habían venido a ocupar su lugar: el olor a humedad del sótano de mi tío durante el «Bombardeo» y la mirada ausente del niño refugiado que había perdido a toda su familia. Y después la derrota, las humillaciones y el miedo. Volví a ver a mi padre detenido en aquel sótano inmundo, volví a verlo en la cárcel y lo imaginé sufriendo lo indecible en el campo de prisioneros. Recordé la forma en que mi madre había envejecido y enfermado desde que se lo llevaron, y sentí una lástima inmensa por ella, por mis hermanos y por mí misma. Sentí lástima por todos los que habíamos tenido que crecer en aquel tiempo oscuro de miedo y violencia. Mientras tanto, mi padre me había visto en el balcón y agitaba la mano hacia mí con los ojos llenos de lágrimas. Pero yo seguí allí, quieta bajo la fría luz de octubre, incapaz de responderle o de gritar para que todos supieran que nuestro padre estaba otra vez en casa. Porque la enorme tristeza que vi en su rostro, avejentado por

---

1 **encorvado** ≠ recto ≠ derecho – 4 **agolparse** *los recuerdos* venir juntos y de repente –
5 **una infinidad** cantidad muy grande – 5 **dichoso** feliz – 6 **en lo más profundo** mucho, de
forma muy intensa – 10 **proclamar** declarar el comienzo de un gobierno – 21 **inmundo**
muy sucio, asqueroso, repugnante – 23 **envejecer** → viejo – 32 **avejentado** envejecido

las privaciones y el sufrimiento, me hizo comprender algo que tiñó de amargura la alegría de su regreso. En un instante supe que la guerra no había acabado ni podría acabarse nunca para los que la vivimos, y que el terror de aquellos días seguiría
5   contaminando para siempre nuestra existencia. Porque tantos muertos, tantas juventudes malogradas, tanto dolor y tanto odio no iban a borrarse de nuestra memoria como un simple mal sueño. Porque el mundo era ahora un lugar más inhóspito de lo que había sido antes de que se desatara aquel horror.

---

1 **una privación** carencia, falta – 2 **teñir** färben – 5 **contaminar** beflecken – 6 **malogrado** muerto – 7 **borrar de la memoria** olvidar – 8 **inhóspito** incómodo, poco acogedor – 9 **desatarse** empezar

*Eloy M. Cebrián*

# El autor y su obra

Eloy M. Cebrián (Albacete, 1963) es licenciado en Filología Inglesa y profesor en un instituto de su ciudad natal. Su actividad literaria abarca la narrativa juvenil y la novela para adultos. Para los jóvenes ha escrito *Bajo la fría luz de octubre* (Premio Jaén 2003), *Vida de Alejandro, por Bucéfalo* y *Operación Beowulf*. En cuanto a su producción para adultos, cabe destacar *El fotógrafo que hacía belenes* (VII Premio Francisco Umbral) y *Los fantasmas de Edimburgo* (finalista de los premios Fernando Lara y Herralde). Ha recibido también importantes galardones como autor de relatos breves. Muchos de esos cuentos se han recogido en las colecciones *Las luciérnagas* y *Comunión*. Es, además, colaborador habitual en prensa y traductor literario ocasional, y desde hace una década codirige la revista de creación *El Problema de Yorick*.

Más información en http://www.eloymcebrian.com
Contacto: eloymcebrian@gmail.com

# Abreviaturas y símbolos

| | | |
|---|---|---|
| *adj* | = | Adjektiv, adjetivo |
| *adv* | = | adverbio |
| *and* | = | andaluz |
| *aquí:* | = | señala un significado específico de la palabra en el contexto |
| *aum* | = | aumentativo |
| *coloq* | = | coloquial |
| *cul* | = | cultismo |
| *desp* | = | despectivo |
| *dim* | = | diminutivo |
| *escr* | = | expresión propia del lenguaje escrito |
| *Esp* | = | peninsularismo, expresión del español de la Península Ibérica |
| *etc* | = | etcétera |
| *euf* | = | eufemismo |
| *etw* | = | etwas |
| *f* | = | femenino |
| *fam* | = | lenguaje familiar |
| *fig* | = | lenguaje figurativo |
| *ger* | = | gerundio |
| *hist* | = | histórico, término referido a una época/un asunto de la Historia (de España) |
| *inf* | = | infinitivo |
| *iron* | = | irónico |
| *jmd* | = | jemand |
| *jmdm* | = | jemandem |
| *jmdn* | = | jemanden |
| *lit* | = | literario |
| *loc* | = | locución, giro idiomático |
| *m* | = | masculino |
| *p ej* | = | por ejemplo |
| *pl* | = | plural |
| *s* | = | singular |
| *sup* | = | superlativo |

| | | |
|---|---|---|
| *uc* | = | una cosa, algo |
| *up* | = | una persona, alguien |
| *vulg* | = | *expresión vulgar* |
| ≠ | = | contrario de |
| → | = | remite a una palabra ya conocida |